면접

면접

평범이 스펙이다

김양재 지음

목차

이 책을 펴내며
삶의 자리에서 말씀을 적용하라 ⋯⋯⋯⋯⋯ 06

Part 1
아브라함에게 배우는 면접의 법칙 ⋯⋯⋯⋯ 12
지혜롭고 확실한 성경적 면접 (창세기 21장 22~34절)

Part 2
믿음의 고백으로 합격하다 ⋯⋯⋯⋯⋯⋯ 34
신앙으로 채운 면접시험의 답안지 (잠언 1장 1~33절)

Part 3
믿음의 선택을 갚아 주시다 ⋯⋯⋯⋯⋯⋯ 54
1년 연봉과 맞바꾼 예배 (전도서 11장 1절~12장 2절)

생생 면접 노하우 ⋯⋯⋯⋯⋯⋯⋯⋯⋯⋯ 72

Part 4

실패를 통해 하나님께 돌아오다 …… 84
취직이 아니라 말씀을 붙잡고 (예레미야 31장 11~20절)

Part 5

부족해도 써 주시는 은혜가 있다 …… 102
나의 무능을 유능이라 부르신 하나님 (마태복음 20장 1~16절)

Part 6

성경적 처세술로 준비하라 …… 124
2인자를 자처하는 겸손 (창세기 41장 53~57절)

Part 7

고난은 사명을 주시기 위한 밑거름이다 …… 146
절망에서 사명으로, 할 일을 찾다 (스가랴 1장 1~17절)

『면접』을 읽고 승리한 이야기 …… 170

이 책을 펴내며

삶의 자리에서
말씀을 적용하라

작년 입시 철에 우리들교회 한 집사님이 자신의 목장 식구들에게 이런 문자 메시지를 보냈습니다.

"할렐루야! 아들이 대학에 불합격했습니다. 아들의 불합격을 감사함으로 받을 수 있게 해 주시니 감사합니다."

이 집사님은 아들이 대학에 떨어지면 화를 낼 줄 알았는데, 도리어 아들이 교회 수련회장으로 떠나면서 "하나님 앞에서 실컷 울고 싶어요"라고 말하는 것을 듣고 감사했다고 합니다. 아들이 이렇게라도 간절히 하나님을 찾으니 말입니다. 그런데 얼마 지나지 않아 아들이 다른 학교에 합격을 하자 이번에는 집사님이 이렇게 문자를 보냈습니다. "아들이 붙었으니 회개하고 하나님께 영광을 돌립니다."

저는 우리들교회가 시작되기 전 재수생 큐티 모임을 인도할 때부터 "붙으면 회개하고 떨어지면 감사하라"는 십자가 해석을 외쳤습니다. 그러자 입시·취업 준비생들이 시험에 붙든 떨어지든 요동함 없이 평균하게 되는 역사를 보았습니다. 하나님께서 합격한 이에게는 회개를 촉구하시고, 불합격한 이에게는 사명을 촉구하심으로 각자가 자기 자리에서 생명을 낳는 사람이 되게 하신 것입니다.

예수님은 우리가 이 세상에서 무엇이든 합격하고 성공하기 위함이 아니라 세상과 구별되어 살게 하시고자 자기 몸을 드려 죽으셨습니다. 그런데도 우리는 여전히 합격 복음, 성공 복음, 인정 복음을 좇느라 분주하고 인생이 고달픕니다.

그래서 어릴 때부터 평소에 성경을 묵상하는 경건의 시간, 곧 큐티하는 시간을 갖는 것이 중요합니다. 나에게 닥친 고난의 사건으로 인해서 동기가 유발되고, 고난을 통해 말씀을 받아들이면 하나님과 인생에 대한 인식의 변화가 일어납니다.

말씀 묵상이 경건의 연습으로 숙달되면 내 영적·육적 기능에 변화가 일어나서 불청객처럼 찾아온 어떠한 문제도 해결할 수 있는 힘이 생깁니다. 내 문제뿐 아니라 다른 사람의 문제 해결도 도울 수 있습니다. 더 나아가 전도와 양육 습관이 형성되고, 습관이 반복되면 하나님과 사람에 대한 태도가 바뀝니다. 그러면 영혼 구원의 가치관으로 살게 됩니다.

영적인 것과 육적인 것은 이원론이 아니라 일원론입니다. '예수 따로 공부 따로, 예수 따로 직장 따로'가 아닙니다. 예수를 잘 믿으면 학교생활도, 사회생활도 잘 할 수 있습니다. 믿음으로 산다는 것은 삶의 어떠한 자리와 영역에서도 하나님의 말씀만을 적용하는 일원론적인 모습으로 살아가는 것입니다.

이 책에는 하루하루 큐티하며 자신에게 주어진 일상의 자리를 잘 지키고 순종하여 입시와 취업의 '면접'에서 열매 맺게 된 지극히 평범한 이들의 신앙고백이 담겨 있습니다.

하나님을 믿는 사람들, 말씀으로 사는 우리는 인생의

때마다 찾아오는 문제를 어떻게 해결하며 나아가야 하는지 세상에 보여 주어야 합니다. 복음과 함께 고난을 받고 십자가를 통과하며 얻은 지혜와 변화된 가치관으로 '평범한 삶을 잘 사는 것이 가장 비범한 삶'임을 밝히 드러내야 할 책임이 있습니다. 그래서 '평범이 곧 스펙'입니다.

2015년 6월
우리들교회 담임목사
김양재

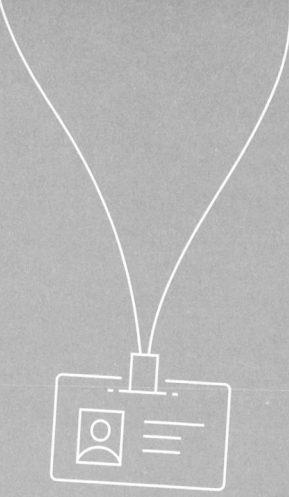

Part 1

아브라함에게 배우는 면접의 법칙

_창세기 21:22~34

지혜롭고 확실한 성경적 면접

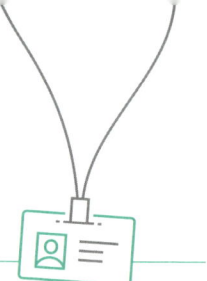

전 세계 우주 항공 기술의 선두라고 할 수 있는 미국 항공우주국 NASA가 한 가지 문제에 봉착했습니다.

우주에 가면 이런저런 사항을 기록해야 하는데 무중력 상태이다 보니 볼펜의 잉크가 나오지 않아서 글씨가 안 써진다는 것입니다. NASA는 곧 문제 해결을 위한 연구에 들어갔고, 수백만 달러를 들여서 우주에서도 쓸 수 있는 볼펜을 개발해 냈습니다. 그런데 막상 사용하려고 보니 우주복을 입은 상태에서는 손가락에 볼펜을 끼울 수가 없었습니다. 결국 수백만 달러를 들인 우주 볼펜은 무용지물이 되어 전량 폐기됐습니다.

이 문제를 어떻게 해결할까 다시 고민하던 NASA는 자신들보다 먼저 우주에 도달한 러시아의 기술을 정탐했습니다. 그런데 놀랍게도 그들은 볼펜이 아닌 연필을 사용하고 있었습니다!

평범 속에 비범을 나타내라

> 그때에 아비멜렉과 그 군대 장관 비골이 아브라함에게 말하여 이르되 네가 무슨 일을 하든지 하나님이 너와 함께 계시도다 _창 21:22

그랄 왕국의 왕 아비멜렉과 군대 장관 비골이 아브라함을 보고 감탄합니다.

"우와, 네가 무슨 일을 하든지 하나님이 함께하시는구나!"

하나님을 믿는 사람으로서 세상 왕과 군대 장관에게 이런 말을 듣는 것은 대단한 칭찬이고 영광일 것입니다.

아브라함이 어떠했기에, 또 얼마나 완벽한 사람이었기에 이런 감탄의 대상이 된 것일까요?

　22절 말씀이 시작되는 '그때에'는 아브라함이 본처 사라가 아닌 여종 하갈에게서 아들 이스마엘을 낳았다가 그 아들을 내쫓은 '때'입니다.

　이스마엘은 하나님의 뜻과 상관없이 아브라함이 자기 생각으로 낳은 아들입니다. 그는 아내 사라에게서 아들을 낳으리라는 하나님의 약속을 믿지 못해서 하갈을 얻어 아들을 낳고 애지중지 귀하게 키웠죠. 그렇게 귀한 아들 이스마엘을 내쫓았다는 것은, 내가 귀하게 여기는 내 지식과 경력, 내 생각과 욕심을 버리고 내쫓는 것으로 적용할 수 있어요. 아브라함이 이스마엘을 내쫓은 그때에 아비멜렉으로부터 '하나님이 함께 계시는구나!' 하는 감탄을 얻은 것처럼, 내 생각과 내 자랑을 버리고 내쫓을 때 사람들이 나를 보고 "정말 하나님이 함께하시는구나!" 감탄하는 것입니다.

하나님을 만나기 전 저는 오로지 '일류'가 목적인 사람이었습니다. 일류대학에 가기 위해 열심히 공부하고 피아노를 쳤고, 그 결과 우리나라 최고의 학교에 입학했습니다. 졸업 후 의사 남편을 만나 소위 '조건'이 좋은 결혼을 했고, 그 환경을 발판 삼아 또 다른 일류학교로 유학을 가서 일류 교수가 되고 싶었습니다. 그래서 누구보다 열심히 공부하고 누구보다 열심히 수고하며 살았습니다. 하지만 그런 저를 보면서 '하나님이 함께하시는구나' 하고 감탄하는 사람은 없었습니다. 남들이 부러워하는 환경에서 교양 있는 아내, 착한 며느리 소리를 들었지만 '저도 당신처럼 하나님을 믿고 싶어요' 이러는 사람은 없었습니다.

사람들이 저를 통해 하나님이 함께하심을 보게 된 때는 제가 시집살이를 하며 걸레질하는 아줌마로 살아갈 때였습니다. 삼시 세끼 밥 차리고 아이들 키우는 평범한 주부로 살아갈 때 나와 함께하시는 하나님을 나타낼 수 있었습니다. 시집살이 고난을 통해 하나님을 만나고 날마다 성경 말씀을 묵상하면서, 그 말씀으로 시장이나 미장원에 가서 전도하고 만나는 사람마다 복음을 전했습니다.

또한 사람들이 저를 통해 하나님이 함께하심을 보게 된 때는 저의 고난과 수치를 드러낼 때였습니다. 급성 간암으로 하루아침에 남편이 떠났을 때 남편의 죽음을 영혼 구원의 사건으로 간증하며 하나님이 함께하심을 나타낼 수 있었습니다. 자녀들이 입시에 실패했을 때 그럼에도 여전한 방식으로 성경을 묵상하고 큐티 모임을 인도했더니 "저도 말씀을 깨닫고 싶어요. 저도 하나님을 믿고 싶어요" 하는 사람들이 나타났습니다.

'내가 합격해서 하나님께 영광 돌리겠다', '내가 성공해서 하나님을 나타내겠다'라고 하는 것은 지극히 인간적인 생각일 뿐입니다. 아비멜렉이 아브라함에게 "네가 무슨 일을 하든지 하나님이 너와 함께하신다"라고 말한 것은 아브라함이 실수하고 잘못했을 때에도 하나님께서 함께하심을 보았다는 말입니다. 성공하고 잘될 때만이 아니라 실패와 고난 속에서도 하나님이 인도하시는 것을 보고, 그것이 진정한 형통이라는 걸 인정한 것입니다.

아브라함이 자기 생각대로 낳은 아들 이스마엘을 내

쫓은 것처럼 내 생각과 내 계획으로 준비한 모든 것들을 내려놓아야 합니다. 나의 강함이 아니라 나의 부족함에도 불구하고 함께하시는 하나님을 나타낼 때 세상 왕에게도 인정과 신뢰를 얻을 수 있습니다.

원(圓)은 다른 도형들과 완전히 합쳐질 수가 없습니다. 하나의 도형이 다른 도형들과 합쳐지려면 비뚤고 모난 각이 있어야 합니다. 회사든 어느 공동체든 조직에 필요한 사람은 세모, 네모, 사다리꼴처럼 각지고 모난 사람들입니다. 원처럼 완벽한 사람, 완전무결한 사람은 다른 사람과 합쳐지지 못합니다.

하나님을 믿는 우리는 다 각지고 모나고 비뚤어진 평범한 사람들입니다. 완벽한 이력서, 완벽한 스펙이 아니라 평범한 내 모습을 진실하게 보여 주는 것이 면접에 임하는 기본자세입니다. 가장 평범한 것이 가장 비범한 것입니다. 수백 달러를 들인 우주 볼펜이 아니라 평범한 연필 한 자루가 우주에서 쓰임을 받듯이 오늘 나에게 주어진 평범한 하루를 잘 사는 사람, 평범한 자리에서 최선을 다하는 사람이 어느 자리에나 잘 어울리는 비범한 일꾼이 될 것입니다.

자신의 약점과 연약함을 드러내라

> 그런즉 너는 나와 내 아들과 내 손자에게 거짓되이 행하지 아니하기를 이제 여기서 하나님을 가리켜 내게 맹세하라 내가 네게 후대한 대로 너도 나와 네가 머무는 이 땅에 행할 것이니라 _창 21:23

아비멜렉이 아브라함을 칭찬하는 것 같더니, 그다음 이어지는 말이 "나와 내 아들과 내 손자에게 거짓되이 행하지 아니하기를 이제 여기서 하나님을 가리켜 내게 맹세하라"입니다. 하나님이 너와 함께하신다고 감탄하더니, 그 결론으로 앞으로는 거짓말하지 말라고 신신당부를 합니다.

아비멜렉이 이런 말을 하는 데에는 다 사연이 있습니다. 창세기 20장을 보면 아브라함이 아내 사라를 누이라고 속여서 아비멜렉에게 넘겼습니다. 사라의 아름다움 때문에 자기가 공격당할까 봐 아내를 누이라고 속여서 왕에게 넘긴 것입니다. 아브라함의 거짓말 때문에 예수님의 조상이 될 사라가 이방 왕에게 넘어갈 뻔했고, 아비멜렉도 남의 아내를 취한 죄로 죽을 뻔했습니다. 그 일이 너무 치명적이었기에 아비멜렉은 과거의 잘못을 끄집어내며 "아브라함, 너 앞으로는 거짓말 안 한다고 맹세해" 이렇게 말하는 것입니다.

이방 왕 아비멜렉은 하나님을 안 믿는 불신자라고 할 수 있습니다. 그에 비해 아브라함은 하나님이 함께하심을 보이는, 누가 봐도 하나님을 잘 믿는 사람입니다. 그런데 믿는 사람이 불신자에게 거짓말하지 말라는 소리를 듣고 있으니 하나님을 믿는 사람으로서 치욕적입니다. 이때 아브라함은 어떻게 아비멜렉을 상대했을까요?

아브라함이 이르되 내가 맹세하리라 하고_창 21:24

거짓말을 하지 않기로 맹세하라는 아비멜렉의 요구

에 아브라함은 "내가 맹세하리라"고 쿨하게 대답합니다. 이것이 아브라함의 내공입니다. 자신의 실수와 약점을 들추는 상대 앞에서 아브라함은 화를 내거나 변명하지 않았습니다.

"맞아요. 내가 거짓말을 했죠. 당신이 걱정하는 게 당연해요. 앞으로는 그러지 않겠습니다."

이렇게 아비멜렉을 인정하고 자신의 잘못을 인정했습니다.

내 잘못이 명백하다고 해도 상대방 앞에서 잘못을 인정하는 것은 결코 쉽지 않습니다. 우리들교회 부부 목장에서 배우자에게 사과하는 시간을 가졌습니다. 그런데 한 남자 집사님이 정말 사과를 못 하겠다고 했습니다. 목자가 조심스럽게 "사과하기가 어려우시면 그냥 부인을 보면서 '미안해' 한마디만 해보세요" 그랬더니 이 남편 집사님이 "다음 주에 합시다!" 하고 입을 다물어 버리더랍니다. 사과할 것이 있으니 다음 주에 하자고 했을 텐데 '미안해요' 네 글자면 될 말이 '다음 주에 합시다' 일곱 자로 말만 길어졌습니다. 잘못을 인정하기가 이렇게 어렵습니다.

아브라함이 아비멜렉의 요구를 인정하고 '내가 맹세하리라'고 대답한 것은 이미 거짓말의 문제가 해결됐기 때문입니다. 거짓말의 죄를 진정으로 회개하고 돌이켰기 때문에, 지나간 잘못을 지적당해도 화를 내거나 당황하지 않고 순순히 인정할 수 있었습니다. 내 실수를 지적하는 상대방에게 화가 나고 잘못을 인정하기 어렵다면 아직 내 죄의 문제가 해결되지 않은 것입니다. 진정한 회개가 안 되고 원망과 죄책감에서 벗어나지 못했기 때문에 화가 나고 변명이 많은 것입니다.

하나님을 믿는 우리나 안 믿는 사람이나 악하고 음란한 것이 이 세대의 본질입니다. 아브라함이 앞으로 거짓말을 안 한다고 맹세한들 그 약속을 얼마나 잘 지키겠습니까? 하나님을 믿으니 다시는 죄를 안 짓겠다고 다짐해도 어떻게 내 힘으로 그 다짐을 지키겠습니까? 그럼에도 하나님을 믿는 사람과 안 믿는 사람의 결정적 차이는 '옳소이다'가 되느냐, 안 되느냐에 있습니다. 지나간 일이라고 해도, 과거의 잘못을 백번 천 번 물고 늘어진다 해도 "맞아요. 내가 그랬습니다" 하고 인정하는 것이 하나님을 믿는 우리의 내공입니다.

감정 코칭 강의를 들어 보니 사회생활의 성패는 대인 관계에 달려 있고, 이 대인 관계는 결국 언어에 달려 있다고 합니다. 그런데 내가 말하는 것 중에 상대방에게 전달되는 언어는 7퍼센트밖에 안 된다고 합니다. 말로 전달할 수 있는 건 7퍼센트뿐이고 나머지는 표정과 태도, 눈빛, 어조 등으로 전해지는 것입니다.

안 그래도 긴장되는 면접 현장에서 내 실수나 과거의 실패를 지적 받는다면 당황스러울 수밖에 없습니다. 상황 대처 능력을 보려고 일부러 내 약점을 공격하는 면접관도 있겠죠. 그럴 때 변명하거나 회피하지 말고 "맞습니다. 제가 많이 부족했습니다. 이제는 실수하지 않도록 저 자신을 더 경계하며 노력하고 있습니다" 하고 인정해야 합니다. 하나님 앞에 내 죄를 인정하고 회개하듯이, 진심으로 나의 약점을 바로잡고자 할 때 상대방의 공감을 끌어내고 마음을 나눌 수 있습니다.

겸손하되 담대하고 솔직하라

25 아비멜렉의 종들이 아브라함의 우물을 빼앗은 일에 관하여 아브라함이 아비멜렉을 책망하매 26 아비멜렉이 이르되 누가 그리하였는지 내가 알지 못하노라 너도 내게 알리지 아니하였고 나도 듣지 못하였더니 오늘에야 들었노라 _창 21:25~26

아비멜렉 앞에서 자신의 과오를 인정하고 맹세했던 아브라함이 그 직후에 아비멜렉을 책망합니다. 아비멜렉이 그랄의 왕이요, 옆에 군대 장관까지 대동했는데도 아브라함은 "당신의 종들이 내 우물을 빼앗았다"고 정확하게 그들의 잘못을 지적합니다. 산전수전 겪으며 내공을 쌓은 아브라함에게 담대함이 생겼습니다.

이 담대함은 아비멜렉을 이기기 위한 것이 아니라 그와 믿음의 관계를 맺기 위한 것입니다. 자기 죄를 모르고 무작정 내세우는 담대함이 아닙니다. 내 잘못을 인정하되 상대방이 해결해야 할 문제도 분명하게 밝히는 겸손한 담대함입니다. 죄 문제를 해결하지 못한 상태에서는 담대함이 교만으로 변질되어 사회생활과 인간관계를 망칩니다. 그러나 자기 죄를 인정하고 문제를 정확하게 보는 담대함은 갈등과 문제를 해결하는 능력이 됩니다.

우물은 그 당시 생명과 직결되어 있기에 땅이 아무리 넓어도 우물이 없으면 그 땅은 무용지물입니다. 사막 땅 천만 에이커(ac)를 가졌어도 우물이 없으면 소용없습니다. 그만큼 중요한 재산이자 생명이 달린 것이기에 아브라함이 양보 없이 담대하게 아비멜렉을 책망했습니다.

아브라함이 브엘세바에 판 우물은 평범한 우물이 아닙니다. 하나님의 약속을 받고 찾아온 약속의 땅에서 하나님 때문에 판 우물입니다. 이 우물을 빼앗은 것은 옳고 그름의 문제가 아니라 생명의 문제, 구원의 문제를 건드린 것입니다. 하나님을 믿는 사람으로서 어떤 상황에서도 내 죄를 보고 내 잘못을 인정하는 것이 중요합니다. 그러나 구원과 믿음의 문제, 예배에 관한 일에서는 양보 없는 담대함으로 나가야 합니다.

많은 면접관들이 크리스천 지원자들에게 주일에 바쁜 업무가 생긴다면 어떻게 할지 물어봅니다. 그럴 때 '우선 취직부터 하고 보자' 하며 주일에도 근무할 수 있다고 대답하는 것은 예배를 저버리고 타협하는 것입니다.

주일에도 근무할 수 있느냐는 질문은 회사냐 교회냐를 당장 택하라는 말이 아닙니다. 교회를 택하면 떨어지고 회사를 택하면 붙겠습니까? 그렇지 않습니다. 내가 중심을 잘 잡고 사는 사람인지, 삶의 우선순위가 확실한 사람인지가 그 질문의 대답에서 드러납니다.

겸손해야 할 때 겸손하지 못한 사람은 자기 것을 주장해야 할 때 오히려 비굴해지게 마련입니다. 남에게 인정받고 싶어서 보이는 겸손함이 아니라 하나님 때문에 나를 낮추고, 하나님 때문에 당당하게 할 말을 하는 담대함이 있어야 합니다. 나의 부족함은 겸손하게 인정하되, 복음과 예배에 대해서는 담대하게 내 주장을 펼치는 것이 크리스천으로서의 자존감입니다.

하나님이 주신 것들을 지혜롭게 사용하라

27 아브라함이 양과 소를 가져다가 아비멜렉에게 주고 두 사람이 서로 언약을 세우니라 28 아브라함이 일곱 암양 새끼를 따로 놓으니 29 아비멜렉이 아브라함에게 이르되 이 일곱 암양 새끼를 따로 놓음은 어찜이냐 30 아브라함이 이르되 너는 내 손에서 이 암양 새끼 일곱을 받아 내가 이 우물 판 증거를 삼으라 하고 31 두 사람이 거기서 서로 맹세하였으므로 그곳을 브엘세바라 이름하였더라 32 그들이 브엘세바에서 언약을 세우매 아비멜렉과 그 군대 장관 비골은 떠나 블레셋 사람의 땅으로 돌아갔고 33 아브라함은 브엘세바에 에셀나무를 심고 거기서 영원하신 하나님 여호와의 이름을 불렀으며 34 그가 블레셋 사람의 땅에서 여러 날을 지냈더라 _창 21:27~34

참으로 이상한 광경입니다. 아브라함이 우물을 빼앗겼다고 아비멜렉을 책망하더니 양과 소를 아비멜렉에게 주고 언약을 맺습니다. 잘못은 상대방이 했는데 내 물질을 내주고 있습니다. 양과 소만으로는 부족했는지 일곱 암양의 새끼를 따로 내어 주며 우물 판 증거로 삼으라고 합니다.

아브라함이 굳이 재물을 내어 주며 우물 값을 치르는 이유는 이참에 우물의 소유권을 확실하게 해 놓겠다는 것입니다. 다시는 빼앗거나 이런저런 말이 나오지 않도록 등기를 해 놓는 것입니다.

'그까짓 우물' 하나가 아닙니다. 가나안은 하나님이 약속하신 땅이기에 그 약속의 땅에서 우물에 대한 합당한 값을 치렀습니다. 거기에 에셀 나무를 심어 기념식수도 했습니다. 에셀 나무는 모래땅에서도 잘 자라는 수명이 긴 나무입니다. 긴 시간이 지나 이스라엘 백성이 400년 애굽 노예 생활을 마치고 돌아왔을 때에도 이곳은 영원한 아브라함의 우물로 남아 있었습니다. 아브라함이 심은 에셀 나무가 그대로 자라 하나님의 약속을 기억하고 기념하는 기념의 우물, 기념의 나무가 되었습니다.

이 땅에서 우리는 하나님을 안 믿는 이방인과 공존하면서 살아야 합니다. 그들에게 영원하신 하나님을 나타내기 위해서 내가 거짓말하지 않고 성실하게 사는 것이 우물의 값을 치르는 적용입니다. 내 물질과 시간과 지식과 감정을 아끼지 말고 학생은 학교에서 직장인은 회사에서 최선을 다하며 구원의 값을 치러야 합니다. 구원의 사명을 감당하라고 하나님이 나에게 능력과 경력, 많은 경험을 허락하셨습니다. 나를 통해 주위 사람들이 영원하신 하나님을 알고 믿게 되는 것, 이것이 취업의 목적이고 우리 인생의 목적입니다.

면접의 법칙

1. 나의 자리에서 구원의 값을 치르며 입시와 취업의 목적을 분명히 하라.

2. 겸손하고 담대하되 솔직하게 답변하라.

3. 자신의 약점과 연약함을 드러내라.

4. 평범 속에 비범함을 나타내라.

내 마음 들여다보기

Q. 면접에 임할 때 내가 드러내고 싶은 것은 무엇이고, 밝히기 싫은 것은 무엇입니까? 크리스천인 것은 감추고, 남보다 좋은 스펙은 드러내고 싶습니까?

....
....
....
....
....

Q. 면접에서 지적 받을까 봐 염려되는 약점이나 실패한 경력이 있습니까? 외모, 학벌 등 나의 열등감을 꼬집어서 질문할 때 어떤 태도를 취합니까? 지적을 받아도 위축되지 않도록, 날마다 말씀에 의지해서 실패와 열등감의 문제를 해결 받고 있습니까?

....
....
....

Q. 내 자랑과 유익에 관한 것에는 겸손하고 하나님과 믿음에 관련된 일에는 담대하게 행합니까?

Q. 하나님께서 내게 허락하신 능력, 기술, 학벌, 외모, 시간과 물질을 어떻게 사용합니까? 내 편의와 유익을 위해서가 아니라 구원의 사명을 위해 내게 주신 능력과 시간과 물질을 알차게 사용합니까?

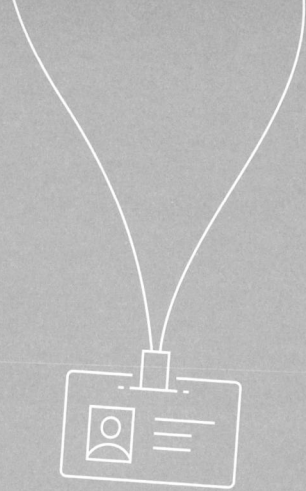

Part 2

믿음의 고백으로 합격하다

_잠언 1:1~33

신앙으로 채운
면접시험의 답안지

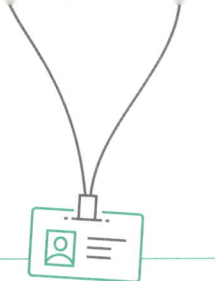

"목사님~ 저 취업했어요! 오늘 발표가 났는데 S기업에 합격했어요!"

수요예배를 마치고 성도들과 인사를 나누는데 청년부 한 자매가 떨리는 목소리로 소식을 전했습니다.

"어머, 그러니? 잘 했다. 축하해. 정말 수고했다!"

수줍음과 기쁨이 가득한 자매의 얼굴이 반갑고 예뻐서 두 팔로 안아 주며 축하와 축복의 기도를 드렸습니다. 그리고 인사말을 건넸습니다.

"그렇게 어렵다는 취업을 금세 해낸 걸 보니 우리 은영이가 수준이 낮은가 보네~"

"네, 목사님. 맞아요. 제가 정말 수준이 낮아요. 힘들게 취업한 지체들의 간증을 들으면서 '나는 저렇게는 못하겠다'고 생각했는데, 하나님이 정말 제 수준이 낮은 걸 아시고 취업시켜 주셨어요. 제가 이렇게 믿음이 적으니 앞으로 회개할 것밖에 없어요."

눈물이 그렁그렁 맺힌 자매의 진심 어린 고백이 합격 소식보다 더 진한 감동으로 제게 전해졌습니다.

자기소개는 나의 신앙고백이다

다윗의 아들 이스라엘 왕 솔로몬의 잠언이라_잠 1:1

솔로몬이 자신을 다윗의 아들이라고 소개한 것은 믿음의 사람이던 아버지 다윗에 대한 존경과 자부심 때문이었을 것입니다. 그리고 다른 한편으로는 '다윗의 아들'이라는 소개가 솔로몬의 신앙고백이라고 생각합니다.

솔로몬은 다윗의 불륜 대상이었던 밧세바에게서 태

어난 아들입니다. 아버지와 어머니의 사연을 생각하면 겉보기에 화려하고 완벽한 솔로몬이라도 태생적으로 겸손할 수밖에 없었을 것입니다. 그래서 '다윗의 아들'이라는 자기소개는 자긍심의 표현이자 스스로를 낮추는 겸손한 고백입니다.

다윗은 하나님의 사람, 믿음의 사람이었습니다. 그러나 그 생애를 들여다보면 참 말도 많고 탈도 많은 인생이었습니다. 사울에게 쫓겨 다니고, 수많은 전쟁을 치르고 그 손의 피로 인해 하나님께서 성전 짓는 것을 허락하지 않으셨습니다. 다윗은 아들을 열아홉 명이나 낳았는데 맏아들 암논은 이복 누이를 강간하고, 압살롬은 여동생을 범했다는 이유로 이복형을 죽이고 반역했습니다. 또 넷째 아들 아도니야도 반역을 했습니다. 다윗은 여자 문제도 끊이지 않아서 후궁을 들이고, 유부녀 밧세바를 탐해서 살인을 주도하고 자식을 잃는 아픔까지 겪어야 했습니다.

다윗은 믿음으로 사울을 용서하고 영적인 전쟁에서 승리했지만 또 다른 한편에서는 연약함으로 넘어졌습니다.

내가 예수님을 믿고 구원 받았으니 그다음부터는 죄도 안 짓고 실수도 안 하면 좋겠는데 실상은 그러지 못합니다. 예수님을 믿으면서도 여전히 넘어지고 여전히 실수하기에 날마다 하나님을 의지하고 성경의 교훈과 책망과 훈계를 받으면서 가야 합니다.

가구 회사에 입사하기 위해 면접을 치른 준호 형제는 존경하는 인물을 묻는 질문에 "예수님"이라고 대답했다고 합니다. 준호 형제는 유학을 다녀오고 대학에서 경영학을 전공했지만 유학도, 대학도 중도에 그만두고 고민이 많았습니다. 이것도 저것도 자기 길이 아닌 것 같아서 4년간 방황의 시간을 보냈는데, 그 4년 동안 주일예배, 수요예배, 목장예배를 한 번도 빠지지 않았다고 합니다.

이 형제가 존경하는 인물을 '예수님'이라고 답한 것은 그냥 입에 발린 말이 아니었습니다. 형제는 4년의 공백기 동안 운동하고 영어 공부하고 예배에 전념하면서 예수님만이 길이고 진리이고 생명이신 것을 절대적으로 인정하게 되었습니다. 그래서 취업을 위한 면접 자리에서 "큰 사랑으로 대의를 위해 자기를 헌신하신 예수님을 본받고 싶다"는 대답을 하게 된 것입니다.

그리고 "회사 특성상 야근이 잦은 것에 대해서 어떻게 생각하느냐"는 질문을 받았는데 이렇게 대답했다고 합니다.

"상황에 따라 야근을 할 수 있지만 가정을 지키는 것이 가장 중요하기 때문에 되도록 야근은 하지 않는 것이 좋다고 생각합니다. 가정에서의 시간을 잘 보내며 건강한 가정을 이루어야 회사에서도 건강한 모습으로 일할 수 있고 그것이 건강한 사회, 건강한 나라로 이어지기 때문입니다."

면접관들이 어떤 기준으로 판단했는지는 모르겠지만 결과적으로 준호 형제는 그 회사에 합격했습니다. 그리고 본인의 표현대로 하자면 하루하루 힘들지만 말씀으로 버티며 잘 다니고 있습니다.

교회를 다닌다는 것, 크리스천이라고 자신을 소개하는 것이 사회생활에 지장을 준다고 하는 사람들이 많습니다. 사실 그것도 틀린 말은 아닙니다. 직장이나 사회 모임에서 크리스천임을 밝히는 것은 모든 일에 정직하고 성실하게 임하겠다는 선언입니다. 그리고 내가 양보하겠다, 내가 인내하고 희생하고 손해를 보겠다고 자처하는 것입니다. 그러니 당장은 더 힘들고 더 좁은 길로 가는 수고를 감내해야 합니다.

하지만 내가 손해를 보는 것 같아도 하나님은 절대 손해 보지 않으십니다. 나를 크리스천이라고 소개하는 것은, 내 삶의 주인이 하나님이심을 선언하는 것입니다. 창조주 하나님이 나의 주인이시고 나를 인도하시고 나의 능력이 되신다는 믿음과 자신감입니다.

붙으면 회개하고 떨어지면 감사하라

입시 철, 취업 시즌마다 제가 교회의 표어처럼 부르짖는 말이 있습니다.

"붙으면 회개하고 떨어지면 감사하라!"

고난이 있고 힘든 문제가 있어야 하나님을 찾고 말씀

을 사모하게 되는 것이 우리의 본성이기에, 고난과 영성의 깊이는 정비례한다고 해도 지나친 말이 아닐 것입니다.

그러니 합격해서 고난이 빨리 끝났다면 '내 영성의 수준이 낮구나' 하면서 회개해야 합니다. 불합격으로 떨어져서 고난이 길어진다면 '하나님께서 나를 더 성숙하게, 내 영성을 더 깊어지게 하시는구나' 하면서 감사해야 합니다.

> 여호와를 경외하는 것이 지식의 근본이거늘 미련한 자는 지혜와 훈계를 멸시하느니라_잠 1:7

솔로몬은 영적인 것과 육적인 것을 모두 갖추고 지혜의 왕으로 명성을 얻었습니다. 다윗이 짓지 못했던 성전도 화려하게 완공했습니다. 인간이 누릴 수 있는 최고의 부요를 누리면서 솔로몬이 깨달은 지혜란 무엇인가요? 그것은 하나님을 경외하는 것이 지식과 지혜의 근본이라는 것입니다.

전 세계 의사, 박사들이 다 모여서 지구상 모든 사람

의 생명을 연장시킨다 해도 반드시 죽음은 옵니다. 그러나 복음이 한 사람에게 들어가면 그의 생명은 영원으로 바뀝니다. 어떤 지식, 어떤 학위, 어떤 기술보다 예수 그리스도를 전하는 복음이 사람을 살리고 세상을 구하는 근본적인 해답이고 능력입니다.

    그럼에도 미련한 자는 하나님 아는 것을 멸시하고 의사, 박사만 좋아합니다. 학위를 따고, 높은 토익 점수를 받고, 경시대회 수상을 하는 것이 복 받는 길인 줄 알고 미련한 열심을 냅니다.

    날마다 자기계발, 투자정보, 재테크 서적이 쏟아져 나오고 베스트셀러가 됩니다. 내신 성적이 중요하다고 하니까 내신 전문학원이 생겨서 줄넘기도 학원에서 배운다고 합니다. 반면에 영혼을 깨끗하게 하고자 성경을 가까이하고 말씀에 순종하려는 사람들은 점점 찾아보기 어렵습니다.

취업은 하나님이 주관하신다

20 지혜가 길거리에서 부르며 광장에서 소리를 높이며 21 시끄러운 길목에서 소리를 지르며 성문 어귀와 성중에서 그 소리를 발하여 이르되 22 너희 어리석은 자들은 어리석음을 좋아하며 거만한 자들은 거만을 기뻐하며 미련한 자들은 지식을 미워하니 어느 때까지 하겠느냐_잠 1:20~22

악인의 음모는 은밀한 곳에서 이루어지지만 지혜는 길거리에서 광장에서 모든 사람에게 열려 있습니다. 하나님을 아는 것, 하나님을 전하는 복음은 모든 사람에게 널리 전파되어야 하기에 숨길 필요가 없는 것입니다.

어리석은 자는 쉽게 미혹되는 자이고, 거만한 자는 자기만 옳다고 하는 자이며, 미련한 자는 절대 남의 말을 안 듣고 고집만 피우는 사람입니다. 내 욕심에 사로잡힌 사람, 자기만 옳다고 하면서 남의 말을 안 듣는 사람에게는 십자가의 지혜가 들리지 않습니다. 십자가의 지혜가 무엇인가요? 하나님 앞에서 내가 죄인이라는 것, 내가 어리석고 거만하고 미련하고 형편없는 자라는 것을 깨닫고 인정하는 것이 십자가의 지혜입니다.

S기업에 입사한 은영 자매의 간증입니다.

많은 형제자매의 간증처럼 저도 부족하지만 교회에서 배운 대로 면접을 봐서 합격할 수 있었습니다. 1차 필기시험 합격 발표 후에 면접을 준비할 시간이 이틀밖에 없어서 너무 두렵고 겁이 났습니다. 잠도 못 자고, 밥도 제대로 못 먹었습니다. 그런데 다음 날 교회에서 양육 훈련을 받는데 전도사님께서 "두려움의 원인은 기복에 있다"고 하셨습니다. 그때 제 안에 깊은 기복을 보고 회개할 수 있었습니다. 이튿날 주일 '자기 생각'이라는 제목의 설교를 들으면서도 제가 여전히 세상과 교회에 양다리를 걸쳐 있기 때문에 면접 준비가 힘들고 괴롭다는 것이 깨달아져 회개했습니다.
그동안 예상 질문과 답을 제 생각만으로 준비했는데 교회에서 배운 대로 하나님을 의지하며 다시 면접을 준비했습니다.

면접 당일 큐티 본문은 예수님의 제자인 베드로가 예수님을 알지 못한다고 부인하는 말씀이었습니다(마 26:69~75). 아침에 큐티를 하면서 "면접관에게 잘 보이기 위해 제 신앙이나 교회에서 배운 성경적인 가치관을 부인하지 않게 해 주세요"라고 기도를 드렸습니다. 실제 면접장에서는 하나님께서 붙들어 주셔서 전혀 떨지 않았습니다. 프리젠테이션 면접 때는 세 문제 중 하나는 잘 몰랐지만 당당하게 모르겠다고 말하고 아는 부분만 잘 발표했습니다. 토론 면접 시에는 목장예배 때 부목자로서 해 왔던 대로 다른 사람의 말을 듣고 정리하며 대화의 흐름을 돕는 사회자를 맡았습니다.

임원 면접을 들어가서는 "내가 평범한 사람이라는 것을 잘 알기에 더 노력했다. 그래서 나에게는 '평범 속의 비범'함이 있다"라고 자기소개를 했습니다. "2~3년 아무리 노력해도 다른 사람들만큼 성과가 없을 때 어떻게 하겠냐"는 질문에, "내가 틀릴 수 있다는 것과 나의 한계를 인정하는 태도가 가장 중요하다고 생각한다"고 하며 "나의 부족을 인정하고 다른 사람들에게 도움을 요청하면서 계속 노력하겠다"고 했습니다.

마지막으로 "합격하게 된다면 여전한 방식으로 평범하지만 비범하게 성실히 일하겠다"고 하며 마무리했습니다.

6시간가량 그곳에서 머물면서 약 90분 동안 세 가지 면접을 봤는데, 다 끝난 후에 느낀 것은 정말 취업은 하나님이 주관하신다는 것입니다. 한정된 시간에 한정된 모습을 보여 줄 수밖에 없는데, 질문을 던지는 면접관도 하나님께서 주관하신다는 것을 인정하게 됐습니다. 그곳에서 처음 만난 지원자가 저에게 찾아와 자기 심정을 털어놓았고, 저는 그를 격려를 해 줄 만큼 여유를 가질 수 있었습니다. 이 시간을 통해 하나님은 내 속의 깊은 기복과 돈을 사랑하는 마음, 세상 가치관에서 벗어나지 못한 모습을 깨닫고 회개하기를 원하셨던 것 같습니다. 이틀밖에 준비하지 못한 첫 면접이었는데, 합격하게 되어 정말 모든 것이 하나님의 은혜라는 걸 인정할 수밖에 없습니다. 부족한 저를 긍휼히 여겨 주신 하나님, 감사합니다.

예수 그리스도의 십자가 지혜는 부끄러운 것이 아닙니다. 어떤 상황에서도 나 자신을 객관적으로 보고 나의 부족함과 연약함을 인정하는 것이 지혜이고 십자가의 능력입니다. 내가 잘나고 옳다고 부르짖는다고 누가 나를 인정해 주는 것이 아닙니다.

은영 자매의 간증처럼 내 생각과 기복을 내려놓고, 못하는 것은 못한다고 인정할 때 상대방의 마음을 얻는 지혜와 능력이 나타납니다.

말씀을 듣고 깨달을 때 평안과 안전이 온다

23 나의 책망을 듣고 돌이키라 보라 내가 나의 영을 너희에게 부어 주며 내 말을 너희에게 보이리라 24 내가 불렀으나 너희가 듣기 싫어하였고 내가 손을 폈으나 돌아보는 자가 없었고 25 도리어 나의 모든 교훈을 멸시하며 나의 책망을 받지 아니하였은즉 26 너희가 재앙을 만날 때에 내가 웃을 것이며 너희에게 두려움이 임할 때에 내가 비웃으리라 _잠 1:23~26

나의 어리석음과 거만함을 인정하고 하나님의 책망을 듣고 돌이키면 '나의 영', 곧 성령을 주겠다고 하십니다. 또한 '내 말', 곧 하나님의 말씀을 깨닫게 해 주십니다. 그러니 들어야 합니다. 하나님의 말씀을 듣고 설교를 듣고 내가 돌이키면, 돌이킴과 동시에 성령이 나에게 임합니다. 성령이 임하면 말씀이 보여서 깨달아지고 나에게 지혜와 능력이 생깁니다.

그럼에도 듣기 싫어하고 돌아보지 않는 사람들이 있습니다. 창조주 하나님의 초청을 감히 거절하는 사람들이 있습니다. 내가 부모를 잘못 만나서, 학벌이 없어서, 돈이 없어서 못사는 게 아닙니다. 내가 하나님의 초청을 거절하고 말씀을 듣지 않기 때문에 재앙을 만나고 두려움이 임하고 비웃음을 당하는 것입니다.

> 27 너희의 두려움이 광풍같이 임하겠고 너희의 재앙이 폭풍같이 이르겠고 너희에게 근심과 슬픔이 임하리니 28 그때에 너희가 나를 부르리라 그래도 내가 대답하지 아니하겠고 부지런히 나를 찾으리라 그래도 나를 만나지 못하리니 29 대저 너희가 지식을 미워하며 여호와 경외하기를 즐거워하지 아니하며 30 나

의 교훈을 받지 아니하고 나의 모든 책망을 업신여겼음이니라 31 그러므로 자기 행위의 열매를 먹으며 자기 꾀에 배부르리라 32 어리석은 자의 퇴보는 자기를 죽이며 미련한 자의 안일은 자기를 멸망시키려니와 33 오직 내 말을 듣는 자는 평안히 살며 재앙의 두려움이 없이 안전하리라_잠 1:27~33

누구에게나 광풍 같은 두려움이 오고 폭풍 같은 재앙이 찾아옵니다. 하나님을 믿는 우리에게도 근심과 슬픔의 사건이 찾아옵니다. 내가 하나님을 경외하지 않고 하나님 말씀을 업신여기면서 내 뜻대로 살았기 때문에 내 삶의 결론으로 두려움과 재앙을 당하는 것입니다.

내 행위의 열매, 내 꾀가 많은 사람은 하나님의 지혜가 들어갈 틈이 없습니다. 자신의 똑똑함과 의로움을 믿고 안일하게 살다가 퇴보와 멸망을 맛보게 됩니다. 평안과 안전은 나의 행위나 내 꾀로 이룰 수 있는 게 아닙니다. 오직 하나님의 말씀을 듣는 자, 말씀에 순종하는 자가 평안하고 안전하게 살 수 있습니다.

은영 자매가 대기업에 취업을 해서 평안하고 안전하다는 것이 아닙니다. 좋은 학교에 들어가고, 좋은 집에 살아서 안전한 것이 아닙니다. 말씀을 듣고 묵상하면서 재앙에 대한 개념이 바뀌어야 평안할 수 있습니다. 떨어지고 실패하는 것이 재앙이 아니라 내 행위와 내 꾀로 사는 것이 재앙입니다. 자매가 면접에서 대답한 것처럼 직장에서 성과가 없고 실패하고 광풍과 폭풍을 만나도, 자신의 한계를 인정하고 도움을 청하는 지혜가 있으면 평안과 안전을 누릴 수 있습니다.

내 마음 들여다보기

Q. 나의 자기소개서는 어떤 내용으로 채워져 있습니까? 다른 것보다 내가 크리스천임을 소개하고 그 이름에 걸맞은 성실함을 나타내기로 결단합니까?

....
....
....
....
....

Q. 어디에서 지식과 지혜를 구하며 찾고 있습니까? 취업 준비에 공부까지 하느라 성경 볼 시간이 부족합니까? 교회 갈 시간에 토익 점수 1점이라도 높이겠다고 도서관으로 향하며 하나님의 지혜와 훈계를 멸시합니까?

....
....
....
....
....

Q. 인생의 광풍과 폭풍을 대비하기 위해 어떤 노력을 하고 있습니까? 어떤 매뉴얼, 어떤 서적보다 하나님의 말씀을 읽고 듣고 묵상하는 것이 지혜를 얻는 비결임을 알고 있습니까?

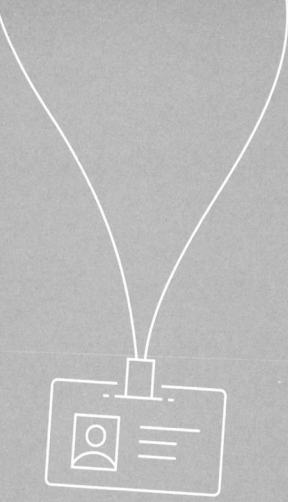

Part 3

믿음의 선택을 갚아 주시다

_전도서 11:1~12:2

1년 연봉과 맞바꾼 예배

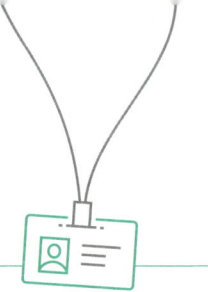

미국 시카고의 택시 기사 밀턴 브론스타인(M. Bronstein)은 손꼽히는 모범 기사이자 복음 전도자로 유명합니다.

그는 장애인 손님은 무조건 무료로 태워 주고, 택시 안에 성경 카드를 비치해 놓고 성경 구절로 퀴즈를 내서 맞히는 손님에게는 요금을 안 받았습니다. 또 예배를 드리러 가는 손님에게도 요금을 안 받았는데, 간혹 예배드리러 간다고 거짓말을 하고 요금을 안 내는 사람이 있어도 그냥 넘어갔다고 합니다. 자신이 가진 모든 것의 절반은 필요한 사람의 몫이라고 하면서 어려운 사람을 돕고 복음 전하는 일에 아낌없는 투자를 한 것입니다.

브론스타인의 선행은 사람들을 통해 널리 알려졌고 자동차 회사인 크라이슬러와 시카고 택시 조합은 그를 가장 모범적인 택시 기사로 선정했습니다. 택시 조합 이사장은 앞으로 선행에 드는 비용을 다 제공할 테니 마음껏 베풀라고 약속했습니다. 복음을 전하기 위해서 행한 일들이 육적으로도 열매를 맺어서 더 베풀고 나눠 주는 인생을 살게 되었습니다.

내 것을 던지면 하나님의 복으로 도로 찾는다

너는 네 떡을 물 위에 던져라 여러 날 후에 도로 찾으리라_전 11:1

전도서는 부와 명성과 권력을 다 누린 솔로몬이 인생의 마지막에 쓴 책입니다. 솔로몬은 해 아래서 하는 모든 수고가 헛되니, 결국 인생에서 할 일은 창조주 하나님을 기억하고 여호와를 경외하는 것밖에 없다고 고백합니다.

우리가 가장 즐거운 인생을 살기 위한 투자는 내 떡을 물 위에 던지는 것입니다.

'물 위에 던지라'는 표현이 나온 배경은 이렇습니다. 솔로몬 시대에는 무역이 성행해서 온갖 귀금속과 목재, 생활 물품들을 배에 싣고 다녔습니다. 풍랑에 배가 뒤집힐 우려도 있었지만 배에 실어 보내면 이윤을 내서 돌아오니까 '물 위에 던지면 도로 찾는다'는 말이 격언이 되었습니다.

진짜 투자는 내 떡, 내가 가진 모든 것을 던지는 것입니다. 밀턴 브론스타인처럼 어떤 대가나 이윤을 바라지 않고 영적인 것을 위해 던져야 합니다. 그러면 반드시 하나님께서 도로 찾게 하시는 날이 옵니다.

이제는 두 아이의 아버지로 듬직한 가장이 된 성훈 형제는 군대를 제대하자마자 우리들교회에 왔습니다. 형제는 설교 영상과 인터넷 홈페이지 등을 만들며 열심히 교회를 섬겼습니다. 처음에는 말씀보다 자신의 기술로 교회를 돕는 것이 좋아서 집에서 교회까지 먼 거리도 기쁘게 다녔다고 합니다.

그러면서도 이 형제는 진로 때문에 깊이 근심했습니다. 군 생활 중에 영상 기술을 배워 그 일을 잘하고 좋아하게 되었지만 전공은 전혀 다른 것이었습니다. 또 교회를 섬기면서 영상과 관련된 직업을 구하려니 일의 특성상 대부분 주일을 지키기 힘든 직장이었습니다. 하고자 하는 일이 확실하고 하나님께서 영상 선교에 대한 비전도 주셨는데 당장 길이 열리지 않으니 답답하고 힘든 상황이었습니다. 동기들이 하나둘 취업하는 걸 보면서 마음이 쫓기고, 교회 일만 하면서 시간을 허비하는 게 아닐까 초조해졌습니다. 매일 구직 사이트를 들여다보면서 교회 일은 다 그만두고 어떻게든 취직을 해 볼까 하는 갈등도 있었습니다.

'주의 일을 하려고 하는데 왜 길을 열어 주지 않으시냐'고 속으로 예수님을 수없이 부인하고 원망하기도 했습니다. 그렇게 일주일을 갈등하다가 주일예배에 와서 말씀을 들으면 회개하고, 또 일주일을 갈등하다가 말씀 듣고 회개하고, 하나님께서 성훈 형제를 참 길게 훈련시키셨습니다. 주님의 비전이면 주님이 이루어 주실 때까지 잠잠히

기다려야 했는데 PD가 되어 주의 일에 크게 쓰임 받고 싶었던 성훈 형제 안의 욕심과 교만의 죄를 보게 하신 것입니다.

그러던 중 형제의 결단을 요구하는 사건이 찾아왔습니다. 중국에서 큰 규모의 태권도 대회가 열리는데 그곳에서 영상장비 세팅과 운영을 맡아 달라는 제안을 받은 것입니다. 큰 대회이고 할 일이 많은 만큼 5일 정도 풀타임으로 근무하고 받는 보수가 1년 연봉과 맞먹는 큰돈이었습니다. 형제는 처음 제안을 받고서는 '드디어 하나님께서 기회를 주시는구나' 생각하고 할렐루야를 외쳤습니다. 곧바로 시스템 구상에 들어갔고 중국에 가는 김에 가족과 여행할 계획도 세웠습니다. 그동안 취업을 못 해서 부모님께 죄송했던 마음을 한 번에 풀 수 있는 절호의 기회였습니다. 그런데 자세한 일정을 확인해 보니 5일간의 행사 기간에 주일이 끼어 있었습니다.

그때부터 성훈 형제는 여러 가지 타협점을 궁리하기 시작했습니다. 중국이라는 환경, 더욱이 대회 내내 영상장

비를 붙들고 있어야 하니 당연히 주일예배는 못 드릴 상황이었습니다. '그래도 어쩌다 한 번인데, 놀러 가는 것도 아니고 일하러 가는 건데' 여러 명분을 내세우며 마음을 굳혀 보려고 했지만 무엇인가 개운치 않았습니다.

다음 날 아침 형제가 큐티를 하는데 에서가 팥죽 한 그릇에 장자의 명분을 파는 말씀이었습니다(창 25:27~34). 당장의 배고픔을 해결하려고 장자의 명분을 가볍게 팔아 버린 에서를 보고 성훈 형제의 마음에 찔림이 있었습니다. 그 한순간의 선택 때문에 에서가 예수님의 조상이 되는 특권을 잃고 하나님을 떠난 대표적인 인물이 되지 않았습니까.

설상가상(?)으로 그 주 주일 설교 본문은 유다가 은 삼십에 예수님을 파는 말씀이었습니다(마 26:14~16). 형제에게는 모든 말씀이 자신에게 주시는 하나님의 음성으로 들렸습니다. 자신은 절대 돈에는 예수님을 팔지 않을 거라고 생각했는데 돈과 예수님을 얼마든지 맞바꿀 수 있는 자신의 모습을 보게 되었습니다. 1년 연봉과 맞먹는 큰돈이라고 해도 돈과 예수님을 맞바꿀 수는 없다고 생각하고 제안을 거절하기로 적용했습니다.

 한 번의 예배도 예수님처럼 여기고 예배를 선택한 형제의 믿음은 참으로 귀한 것이었습니다. 하지만 형제의 결정을 비난하는 사람들도 있었습니다. 교회 안에서도 좀 지나친 적용이 아니냐며 의견이 분분했습니다.

 어렵게 믿음의 선택을 했는데 이런저런 말을 들으니 형제의 마음이 힘들었을 것입니다. 그러나 하나님은 형제의 믿음을 다 보고 계셨습니다. 누가 가르치거나 강요해서가 아니라 하나님의 말씀을 믿고 적용한 것이기에 그 결과도 책임져 주셨습니다. 중국에 가는 제안을 거절하고 나자 형제가 입사 지원을 했던 방송국에서 면접을 보자는 연락이 온 것입니다. 그리고 중국으로 떠날 예정이었던 그 날짜에 기독교방송사의 PD로 입사하게 되었습니다. 형제의 은사인 영상 일을 하면서 주일도 지킬 수 있는 직장으로 하나님이 예비하여 인도해 주신 것입니다.

 솔로몬의 고백처럼 우리가 열심히 수고하며 매사에 적극적인 삶을 살아도 인간의 노력으로 사는 것은 헛되고

헛될 뿐입니다. 우리가 적극적으로 최선을 다해야 할 일은 하나님을 믿고 경외하는 것입니다. 내 능력과 내 시간, 내 재물을 움켜쥐고 스스로 강해지는 것이 적극적인 삶 같지만 능력과 재물은 내가 지킨다고 지킬 수 있는 것이 아닙니다. 창조주 하나님, 만물의 주인이신 하나님을 경외하는 것이 우리 삶의 최선입니다. 나의 모든 것을 던지고 내 죄와 연약함을 인정하고, 나의 것을 나누고 베푸는 인생이 적극적으로 사는 삶입니다.

최고의 투자는 나누고 베푸는 것이다

2 일곱에게나 여덟에게 나눠 줄지어다 무슨 재앙이 땅에 임할는지 네가 알지 못함이니라 3 구름에 비가 가득하면 땅에 쏟아지며 나무가 남으로나 북으로나 쓰러지면 그 쓰러진 곳에 그냥 있으리라 _전 11:2~3

지혜로운 사람은 언제 임할지 모르는 재앙에 대비해서

삽니다. 구름에 비가 가득하면 땅에 쏟아지지만 사람은 그 시기를 정확히 알 수 없습니다. 언제 무슨 재앙이 임할지, 언제 번개나 광풍에 쓰러질지 모르는 인생에서 앞날을 대비하는 방법은, 일곱에게나 여덟에게 나눠 주는 것입니다.

모두가 이래서 힘들고 저래서 힘든 인생을 살아갑니다. 누구는 외로워서 못 살고, 누구는 치사하고 더러워서 못 산다고 합니다. 그런데 내가 나눠 줘야 될 일곱, 여덟이 있으면 살아갈 이유가 생깁니다.

남편이 먼저 가고 제가 집안의 가장이 되면서 저에게는 책임질 가족들이 생겼습니다. 아들 없이 딸만 넷인 친정에서도 생활을 책임져야 하는 입장이었습니다. 제가 가진 것이 많아서가 아닙니다. 날마다 말씀을 묵상하고 그 말씀을 다른 사람들에게 전하고 나누면서 하나님께서 자존감을 높여 주시고 힘을 주셨기 때문에 내 옆의 사람들을 책임지고 도울 수 있었습니다. 나눠 주고 책임져야 할 일곱, 여덟이 항상 옆에 있으니 아파도 안 되고 죽어도 안 되는 인생이었습니다. 이제는 목사로 교회를 담임하면서 수

많은 사람에게 영적인 양식을 나눠 주고 있습니다.

나는 왜 늘 주는 입장이냐고 불평하나요? 일주일 내내 기도로 나누고 말씀을 나누고 봉사로 나누는 우리를 보고 하나님이 얼마나 예뻐하실까요?

내가 돈, 학벌, 외모를 경외하지 않고 하나님만을 경외할 때 하나님께서 나에게 복을 주실 수밖에 없습니다. 그 복은 다른 것이 아니고 믿음입니다. 믿음이 있으면 재앙이 와도 두렵지 않습니다. 내가 재앙을 당하는 이유는 믿음이 없기 때문입니다. 내 시간이 아깝고 돈이 아까워서 움켜쥐고 있으니까 재앙이 오면 온몸으로 당하고 맙니다. 몇백 억 재산을 가져도 나눠 주기는커녕 꼭 움켜쥐고 오천 원짜리 점심도 아까워서 못 사 먹는 사람이 있습니다. 나눠 준 것이 없으니 받을 것도 없고 혼자 재앙을 당하면서 못 살겠다고 아우성칩니다.

나는 나눠 줄 것이 없다고 하면 안 됩니다. 하나님은 우리 각자에게 나눠 줄 일곱과 여덟을 허락하셨습니다. 우리가 나누는 삶을 살도록 필요한 힘과 시간과 물질을 채워 주십니다. 내가 어려워도 내 떡을 물 위에 던지고 헌신할 때 점점 더 나눠 줄 것이 많은 인생이 되게 하십니다. 이것이 재앙에 대비하는 지혜로운 인생입니다.

성훈 형제가 우리들교회에 처음 왔을 때가 2003년, 교회 개척을 하고 얼마 안 된 당시였습니다. 고등학교 식당을 빌려 예배를 드릴 때라 영상이나 음향은 준비도 안 돼 있고 마이크만 겨우 사용하는 수준이었습니다. 그런 때에 성훈 형제가 교회에 온 첫날부터 영상을 찍고 만들기 시작했습니다. 하나님의 일은 자원함보다 부르심이 먼저라고 했는데 말씀도 모르고 헌신이 뭔지 몰라도 부지런히 와서 영상과 음향으로 섬기고 교회 홈페이지 관리도 맡아 주었습니다.

내가 나눠 주고 돕는 인생을 살고자 하면 재앙이 올 틈이 없어집니다. 성훈 형제도 일주일 내내 설교와 예배 영상을 만들어 다듬고 교회 홈페이지 관리를 하고 있으니 목회자 못지않게 예배를 생각하고 교회를 생각하게 되었습니다. 형제가 만든 설교 영상이 인터넷을 통해 전 세계에 퍼지고 있으니 이미 영상 선교의 비전을 이루고 있는 것입니다.

　다른 사람을 돕고 살리는 것보다 귀하고 기쁜 일은 없습니다. 나의 시간과 물질과 능력을 던져서 다른 이들을 도울 때 하나님께서 나를 높이시고 반드시 도로 찾게 하십니다.

하나님이 나를 기억하신다

9 청년이여 네 어린 때를 즐거워하며 네 청년의 날들을 마음에 기뻐하여 마음에 원하는 길들과 네 눈이 보는 대로 행하라 그러나 하나님이 이 모든 일로 말미암아 너를 심판하실 줄 알라 10 그런즉 근심이 네 마음에서 떠나게 하며 악이 네 몸에서 물러가게 하라 어릴 때와 검은 머리의 시절이 다 헛되니라_전 11:9~10

내가 예수님을 믿고 죄에서 자유해졌지만 방종해서

는 안 됩니다. 예수님을 믿고 구원을 받아도 내가 원하는 대로, 정욕대로 행하면 심판을 피할 수 없습니다.

이 시대는 정보와 지식이 빠르게 왕래하고 그만큼 쉽게 각종 악에 노출되어 있습니다. 잠시만 가만히 있어도 헛된 가치관이 파고들어옵니다. 인생의 전성기라 할 수 있는 어린 때, 청년의 날들을 근심과 악으로 채우는 것은 참으로 안타까운 일입니다. 너무나 많은 학생과 청년이 부질없는 근심과 한숨으로 마음에 병이 들고 몸에 악을 채웁니다. 이것은 삶의 비전과 목표가 없기 때문입니다. 중심을 잡아 줄 비전 없이 각종 악에 쉽게 노출되기 때문에 헛된 가치관에 사로잡히고 몸과 마음에 악과 음란을 채우는 것입니다.

> 1 너는 청년의 때에 너의 창조주를 기억하라 곧 곤고한 날이 이르기 전에, 나는 아무 낙이 없다고 할 해들이 가깝기 전에 2 해와 빛과 달과 별들이 어둡기 전에, 비 뒤에 구름이 다시 일어나기 전에 그리하라 _전 12:1~2

오늘이 바로 나의 청년의 때입니다. 날마다 나이를 먹고 있으니 오늘이 가장 젊은 날입니다. 어제까지 실패하고 넘어지고 잘못 살았다고 해도 괜찮습니다. 말씀을 듣고 읽는 지금 이 순간이 나의 가장 젊은 날이고 내 삶의 전성기입니다. 과거를 후회할 필요도 앞날을 염려할 필요도 없습니다. 지금 이 순간부터 창조주 하나님을 기억하고 돌이키면 됩니다.

청년의 때는 돈, 건강, 정욕이 넘쳐서 날마다 순간마다 유혹이 찾아옵니다. 학업, 취업, 결혼 그리고 젊은 날의 쾌락 때문에 끊임없이 유혹을 받고 세상과 타협할 일들이 생깁니다. 그래서 하나님을 더욱 기억해야 합니다. 이때에 하나님을 기억하지 않으면 금세 곤고한 날이 오고 해와 빛과 달과 별들이 어두운 날들이 찾아오기 때문입니다.

창조자를 기억한다는 것은 깜박 잊었다가 떠올리는 것이 아닙니다. 기억한다는 것은 구체적으로 작정하고 행동으로 헌신하는 것입니다. 하나님의 이름을 기억한다는 것은 그 이름을 잊어버리지 말라는 뜻이 아니라 하나님을 향해서 내 삶을 전환하고 전적으로 헌신하며 뜨거운 마음으로 충성하는 것입니다. 이것이 기억한다는 뜻입니다. 하나님의 이름 석 자를 기억하라는 것이 아니라 뜨거운 마음으로 구체적인 헌신의 삶을 살라는 것입니다.

우리의 가치관이 헛되기 때문에 우리 눈에 좋은 것보다 하나님이 원하시는 걸 해야 몸과 마음이 건강합니다. 젊을 때 봉사하면 여러 날 후에 반드시 찾을 것입니다. 혹시 봉사하다가 진로나 학업이 늦어져도 젊은 날에 남들을 위해 살고 남을 섬겼다는 것은 금을 주고도 못 사는 귀한 경험입니다. 하나님이 천 배로 갚아 주실 것입니다.

창조주를 기억하라는 것은 하나님을 사랑하고 하나님과 함께 있을 그날을 기대하라는 것입니다. 아침에 문을 나설 때마다 내가 오늘 죽을 수 있다는 것, 나의 무덤을 생각하는 것이 창조주를 기억하는 것입니다. 죽음이 두렵지 않으면 어떤 문제도 해결할 수 있습니다.

기도가 응답되지 않는 것 같아도, 당장 나아갈 길이 안 보여도 하나님은 나를 기억하십니다. 만물의 주인이신 창조주 하나님이 나를 기억하시고 나를 위한 구체적인 계획을 갖고 계시며 그 계획을 이미 이루고 계십니다. 내 인생의 시작과 끝을 주관하는 하나님이십니다. 하나님을 기억하고 하나님께 기억되는 인생이 가장 행복한 인생이요, 창조주로부터 독립하려는 것은 불행의 시작입니다.

1년 치 연봉을 5일 만에 벌어다 주고 해외여행 시켜주는 것이 가족 사랑이 아닙니다. 예수 믿는 나 한 사람의 기도와 헌신이 있으면 무너진 가정도 다시 세울 수 있습니다. 내가 다른 사람을 위해 나누고 하나님 때문에 헌신한 모든 것이 실력이 되어서 온 세상을 변화시키는 일꾼으로 쓰임 받을 것입니다.

당장은 손해를 보는 것 같고 눈앞에 결과가 나타나지 않아도 낙심하거나 후퇴하지 말아야 합니다. 내가 하나님을 기억하고 하나님을 경외함으로 지킨 모든 것을 하나님께서 다 보고 기억하십니다. 결국은 믿음이 이깁니다. 주 예수를 믿으면 온 세상을 이깁니다.

내 마음 들여다보기

Q. 예배와 전도를 위해 돈과 편의와 즐거움을 포기하고 던진 경험이 있습니까? 영적인 것을 위해 던졌더니 하나님이 육적으로도 갚아 주신 간증이 있습니까?

··
··
··
··
··

Q. 나는 나눠 주는 사람입니까, 받는 사람입니까? 실제적인 섬김과 배려로 나누고 베푸는 것이 나를 위해서도 최선의 투자인 것을 믿습니까?

··
··
··
··
··

Q. 하나님을 기억하고 하나님께 기억되기 위해 매일 말씀을 묵상하고 삶에서 실천합니까? 할 일이 많아서 하나님 믿을 시간이 없는 게 아니라, 할 일이 많아서 하나님만을 더욱 의지해야 함을 알고 있습니까?

생생 면접 노하우

지금 와서 보니 하나님께서 모든 것을 인도해 주셨다는 생각이 듭니다. 취업을 해서 좋기도 하지만 한편으로는 앞으로 직장생활에서 고난이 닥쳐올 것 같아 불안한 것도 사실입니다. 그래도 나름대로 말씀의 인도를 받았기에 비교적 차분하게 취업의 과정을 마칠 수 있었습니다. 준비 과정 가운데 하나님은 제게 고등학교 친구를 붙여 주셨습니다. 저는 그 친구보다 학벌도 좋고 자격증도 있기에 몇 발자국 앞서가고 있다고 생각했습니다. 더군다나 그 친구는 불신자였습니다. 하지만 그 친구는 풍부한 상식을 가졌고, 실전 면접 경험도 제법 있었기에 필기시험과 면접에서 오히려 제가 많은 도움을 받았습니다. 결국 친구와 같이 입사하게 되면서, 하나님은 또 한 번 겸손할 수밖에 없는 환경을 만들어 주셨습니다.

필기시험일

하나님은 예레미야 말씀을 통해 "너희가 만일 길과 행위를 참으로 바르게 하여 이웃들 사이에 정의를 행하며 이방인과 고아와 과부를 압제하지 아니하며 무죄한 자의 피를 이곳에서 흘리지 아니하며 다른 신들 뒤를 따라 화를 자초하지 아니하면 영원토록 하나님의 땅에 거하게 하리라"(렘 7:5~7)고 약속하셨습니다. 직장에 들어가는 것이 권력을 얻고 나의 유익을 구하기 위함이 아니라 길과 행위를 바르게 행함으로 약자를 돕는 것이라고 분명하게 말씀해 주셨습니다.

필기시험 발표일

유다서의 시작으로 믿음의 도를 위하여 힘써 싸우라는 편지를 나에게 권해 주심으로 다시 한 번 취업의 목적이 무엇인지 바로잡아 주셨습니다. 거짓 교사들의 훼방을 일러 주심으로 취업과 관련된 각종 소문들에 요동하지 않고 면접을 준비하게 하셨습니다.

1차 면접일

야고보서 말씀을 통해 행함으로 나의 믿음을 보이라고 하십니다. 제 믿음이 그리 훌륭하지 않기에 그냥 있는 모습 그대로를 면접관에게 보여 주는 것이 적용이라고 생각하여, 지금까지 들은 말씀을 바탕으로 저의 생각과 모습을 솔직하게 보여 주려고 노력했습니다.

1차 면접 발표일

에스라서의 시작으로 고레스의 마음을 감동시켜 이스라엘의 성전 건축이 시작된 날이었습니다. 불합격 연락이 올 것 같은 불안감에 마음이 어려웠습니다. 수요예배에서 끊임없이 외모로 사람을 취하면서 취업을 통해 더 좋은 것을 얻기 위해 애쓰는 모습을 회개했고, 혹시 떨어져도 잘 버틸 수 있게 해 달라고 기도했습니다. 그리고 1차 면접에 통과했으니 2차 면접 일정을 확인하라는 연락이 왔습니다.

2차 면접일

큐티 본문이 이방 족속과 결혼함으로 우상숭배에 빠져 있는 이스라엘 백성을 위해 에스라가 회개하는 말씀이었습니다. 1차 면접까지 붙고 나니 욕심이 생겨, 정말 이 회사에 붙지 않으면 안 될 것 같은 마음에 오히려 더 불안해하고 긴장하는 저를 다시 돌아볼 수 있었습니다.

최종 합격자 발표일

에스라의 회개는 계속되었습니다. 그동안 내 문제에만 매달려 목장 식구들을 위해서는 별로 한 일이 없었던 모습을 보게 되었습니다. '세상일은 잘 끝났으니 이제 하나님 일도 열심히 해 봐라'라는 뜻으로 합격을 받아들일 수밖에 없었습니다.

이번 전형 과정에서 큐티와 우리들교회에서 말씀 듣는 것의 위대함을 실질적으로 체험할 수 있었습니다.

특별히 목사님께서 설교를 통해 구체적인 면접 방법을 알려 주셨습니다. 1차 면접을 앞두고는 다른 지체의 나눔을 통해 솔직하게 답변하는 법을 알려 주셨고, 2차 면접을 앞두고는 자신의 약점과 연약함을 먼저 드러내라는 실질적인 조언을 해 주셨습니다.

1차 집단 면접

1차 집단 면접은 6명씩 한 조로 묶여서 4교시로 종일 진행되었습니다.

1교시는 각자 자기소개와 지원 동기를 면접관에게 발표한 후, 조원들끼리 토의를 하여 가상의 금융기관 설립에 대한 공통과제를 수행하고, 면접관들에게 이를 발표하는 시간이었습니다.

1분 자기소개에서부터 목사님의 말씀을 인용했습니다. "저의 좌우명은 '평범함 속에 비범함이 있다'입니다. 저는 남들보다 특별히 뛰어난 능력을 가지고 있다고 생각하지 않습니다. 하지만 그렇기 때문에 매사에 남들보다 더 많이 노력했고, 이를 통해 다른 사람을 존중하는 법을 배우고 높은 자존감을 가질 수 있었습니다. 앞으로도 지속적으로 노력하여 업무나 사생활에서도 부끄러움 없는 금융전문가로 성장하고 회사의 위상을 높이는 데 기여하고 싶습니다."
지원 동기를 묻는 질문에도 설교에서 들은 말씀을 바탕으로 이야기했습니다.
"사람들 사이의 모든 갈등의 근본에는 돈이 있는 것을 보았습니다. 금융의 핵심은 돈의 흐름을 원활히 하는 것이며, 우리 회사의 역할은 이를 공정하게 관리하고 올바른 방향으로 이끄는 것이라고 생각합니다. 그렇기에 제가 가진 지식을 바탕으로 자아실현을 이룰 수 있을 뿐만 아니라 다른 사람을 도울 수 있는 곳이라 생각되어 이 회사를 지원하게 되었습니다."
저의 자기소개와 지원 동기에 대한 답변은 다른 면접자들과는 차별화되었기에 면접관들에게 많은 어필을 할 수 있었습니다. 제가 강조하고 싶었던 저의 성실함과 다른 사람과의 커뮤니케이션 능력을 모두 표현할 수 있었습니다. 첫 문장이 참신했던 덕분에 면접관들이 제 말에 비교적 끝까지 집중하는 것을 보았습니다.

제 생각이지만, 1교시에는 '다른 사람에게 자기 의견을 얼마나 잘 전달하는가', '다른 사람의 이야기를 얼마나 잘 들어주고 얼마나 잘 협력해서 맡은 과제를 수행하는가' 등등 커뮤니케이션 능력을 중요하게 보고 평가하는 것 같았습니다. 조원 중 자기주장이 강한 한 분이 계속 초점에 어긋나는 말을 했지만, 겉으로 내색하지 않고 토의에 임할 수 있었던 것은 교회 목장에서 저와 다른 다양한 사람들과 이야기하고 부딪혀 본 덕분입니다.

2교시는 조원들끼리 40세 전까지 이루고 싶은 인생의 열 가지 목표와 그 목표에 대한 구체적인 실현 방안에 대해 서로 나눈 후, 각자 다른 조원을 세 가지 핵심 키워드로 표현하는 시간이었습니다. 인생의 목표를 세울 때도 "영혼 구원이 인생의 목적이 되어야 한다"는 교회에서 들은 말씀대로 '다른 사람 15명 살리기'라는 목표를 세워 저만의 색다름을 추구할 수 있었습니다.
이 시간 역시 그동안의 목장예배에서 쌓은 내공으로 비교적 쉽게 저의 목표를 발표하고, 또 다른 지원자의 특색을 잘 찾아낼 수 있었습니다.

3교시에는 자기소개서를 바탕으로 몇 가지 질문을 받았습니다. 학교생활, 교환학생 경험뿐만 아니라 주일학교 교사나 수련회 스텝 등 교회에서 했던 봉사를 구체적으로 이야기하며 저의 다양한 면을 드러낼 수 있었습니다.

4교시에는 가상의 금융 홍보관을 만들어 이곳에서 일주일간 진행되는 프로그램을 만들고 발표하는 과제가 주어졌습니다. 창의력 측정 과제였는데 짧은 시간에 7개의 프로그램을 만드는 것이 상당히 어려웠습니다. 교회 수련회나 주일학교에서 했던 프로그램을 조금씩 변형해서 프로그램을 만들었고, 면접관에게 "발표 잘 하시네요"라는 칭찬을 받기도 했습니다.

2차 임원 면접

2차 임원 면접에서도 목사님께 받은 가르침으로 도움을 받았습니다. '자신이 생각하는 위대한 리더십은 무엇이냐'는 질문에 '자신의 약점과 부끄러움까지도 솔직하게 다른 사람에게 드러냄으로 그 사람의 마음을 얻는 것이 진정한 리더십'이라고 대답했습니다. 면접 후에 다른 지원자들에게 물어보니 똑같은 질문을 했다고 하는데, 저와 같이 대답한 사람은 없었습니다.

이처럼 저는 면접 과정 내내 성경 말씀과 교회의 위력을 구체적이고도 실질적으로 실감하였습니다. 저의 믿음은 보잘것없지만 예수님께 붙어 있었더니 손해 본 것은 하나도 없고 너무도 많은 것을 받게 하셨습니다.
자격증 시험을 준비할 때도, 입사 시험을 준비할 때도, 비록 바쁘고 시간 없다고 투덜대긴 했지만 주일예배, 수요예배, 목자 모임에 빠지지 않았고, 주일학교 교사 생활과 꼬박꼬박 십일조를 한 것이 제가 한 전부입니다. 정말 최소한의 것만 했는데도 하나님은 제가 한 전부를 채워 주셨습니다. 교회 일 때문에 당장은 손해 보는 것 같았지만, 확실하게 시간 낭비하지 않게 하시고 오히려 취업을 기다리는 시간을 단축시켜 주셨습니다.

무엇보다도 하나님은 영적인 것을 먼저 회복시켜 주셨습니다. 또, 면접 과정을 통해 다른 지원자들의 탁월함을 보게 하심으로 회사에서 겸손히 생활하도록 인도해 주셨습니다. 입사 동기들을 보니 세상적인 기준으로는 제가 가장 평범한 위치였습니다. 사실 다른 곳도 원서를 냈는데, 그곳은 서류 심사에서 불합격하게 된 것도 우연이 아니었습니다. 서류 심사에서 떨어지고 나니 더 간절히 말씀을 보게 되고, 취업 못 하는 사람들을 무시하던 마음도 싹 사라졌습니다.

앞으로 회사에 들어가서 제가 할 일은 '묵묵히 나의 성전을 건축해 나가는 일'일 것입니다. 그곳에서도 끊임없는 시험과 시련이 있을 터인데, 말씀으로 잘 무장하면서 대비하도록 하겠습니다. 그저 경력을 쌓는 직장생활이 아니라 더 많은 간증거리를 만들어 내는 삶을 살도록 하나님을 의지하며 기도드립니다.

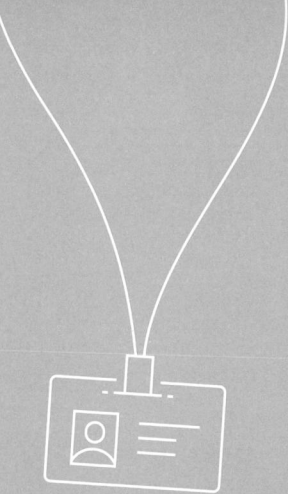

Part 4

실패를 통해
하나님께 돌아오다

_예레미야 31:11~20

취직이 아니라 말씀을 붙잡고

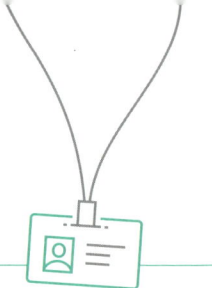

김 집사님의 아들 현우는 우리들교회 개척 준비모임 때부터 함께해 준, 저에게도 아들 같은 청년입니다.

부모님을 좇아 교회 봉사도 열심히 하고 주일학교 교사, 청년부 목자로 왕성히 활동하던 현우가 청년부에서 만난 자매와 믿음의 교제를 했다고 합니다. 그런데 교제가 깨지고 실연을 당하면서 현우의 믿음의 현주소를 보게 되었습니다.

현우는 실연 사건을 시작으로 음란한 것들에 눈을 돌렸고, 대기업 합격으로 자존심을 회복하겠다며 취업에만 매달렸습니다. 그러나 번번이 떨어지고 실패하자 "하나님이 계신 것 맞느냐"고 경솔한 말들을 내뱉더니 급기야 교회에도 나오지 않고 목장도 팽개쳐 버렸습니다.

세상의 중심은 나, 하나님의 자녀

능력 있는 남편, 공부 잘하는 자식 때문에 눈물 흘리는 사람이 있을까요? 누구나 육적으로 부족하고 못난 배우자, 못난 자녀 때문에는 속이 상해서 울고 불쌍해서 웁니다. 하지만 뭐든지 하는 일마다 잘되고 나에게도 잘해주는데 그가 하나님을 안 믿는 것 때문에 안타까워하고 눈물을 흘린다는 건 참 어렵고 드문 일입니다.

그러나 우리가 진정으로 눈물 흘리며 애통해야 할 일은 영혼 구원의 문제입니다. 내 가족, 내 자녀가 아무리 모든 것이 잘나고 훌륭하다고 해도 구원 받지 못하면 실패한 인생입니다. 구원은 영혼이 천국과 지옥으로 갈리는 가장 중요한 문제이기 때문입니다.

내가 하나님의 자녀로 살아가고, 또 내 자녀를 하나님의 자녀로 키우는 것은 우리 인생의 중요한 목표입니다. 그리고 이것은 전적으로 은혜에 속한 일입니다. 내 힘과 노력으로는 구원 받을 수 없기에 하나님께서 내 자녀를 만나 주시길, 고난과 실패를 통해서라도 내 자녀가 하나님을 찾게 되기를 기도드릴 수밖에 없습니다.

　구약 성경에 나오는 모든 선지서의 주제, 성경 전체의 주제도 그래서 멸망, 포로, 회복입니다. 우리는 죄로 인해 멸망할 수밖에 없는 존재이기에 하나님은 우리를 포로되게 하셔서 훈련 받게 하십니다. 그리고 그 훈련에 잘 순종하면 회복시켜 주겠다고 선포하십니다. 멸망과 실패를 통해 하나님의 뜻을 깨닫고 순종하면 영과 육이 모두 회복된 삶을 살게 되는 것입니다.

　하나님의 말씀을 전파하고, 모든 민족과 열방의 구원을 이루시기 위해 하나님이 나를 택하시고 자녀로 삼으셨습니다. 구원 때문에 공부하게 하시고, 구원 때문에 취직하게 하시고, 구원 때문에 결혼도 하게 하십니다. 하나님의 자녀인 우리에게 우연한 사건이란 없습니다. 이 세상 모든 일이 복음 전파와 구원을 위해 움직이는 것입니다.

하나님의 은혜로 만족하는 것이 진정한 회복

11 여호와께서 야곱을 구원하시되 그들보다 강한 자의 손에서 속량하셨으니 12 그들이 와서 시온의 높은 곳에서 찬송하며 여호와의 복 곧 곡식과 새 포도주와 기름과 어린 양의 떼와 소의 떼를 얻고 크게 기뻐하리라 그 심령은 물 댄 동산 같겠고 다시는 근심이 없으리로다 할지어다 13 그때에 처녀는 춤추며 즐거워하겠고 청년과 노인은 함께 즐거워하리니 내가 그들의 슬픔을 돌려서 즐겁게 하며 그들을 위로하여 그들의 근심으로부터 기쁨을 얻게 할 것임이라 14 내가 기름으로 제사장들의 마음을 흡족하게 하며 내 복으로 내 백성을 만족하게 하리라 여호와의 말씀이니라 _렘 31:11~14

성경 곳곳에서 야곱을 예로 드는 이유는 야곱이 여자 문제, 돈 문제로 힘들게 살았기 때문입니다. 살면서 남녀 문제, 돈 문제로 괴롭지 않은 사람이 얼마나 있을까요. 야곱과 같은 자기 백성을 구원하시기 위해서 하나님은 어떤 대가라도 치르십니다. 나는 잘난 것이 없고 도리어 세상이 강한 자인데도, 하나님이 연약한 나를 속량하고 회복시키심으로 강한 세상이 나를 통해 하나님을 알게 됩니다.

세계적인 부자로 알려진 록펠러는 다른 사람들이 자신이 재산을 불의하게 모았다고 생각할까 봐 평생 근심했습니다. 또 백약이 무효하다는 대머리 때문에 근심했다고 합니다. 또 모건이라는 부자는 코가 크고 눈이 붉은 자신의 용모 때문에 근심했고, 카네기는 불구인 딸 때문에 평생 근심해야 했습니다. 엄청난 부와 명성을 가진 사람들도 돈으로도 해결할 수 없는 문제들 때문에 근심하면서 살았습니다. 돈이 많으면 많은 대로, 없으면 없는 대로 다 자기 수준만큼 근심이 있습니다. 하나님이 속량해 주지 않으시면 근심 없는 인생이란 불가능한 것입니다.

하나님의 법칙은 슬픔 후에 위로, 근심 후에 기쁨입니다. 낙천적인 성품 탓에 근심 없이 살면서 매사에 '뭐 그런 걸로 걱정하고 그래?' 한다고 기쁜 인생이라고 할 수 없습니다. 근심할 일은 근심해야 합니다. 슬퍼할 일은 슬퍼해야 합니다. 그래야 그 후에 참 위로와 기쁨을 얻을 수 있습니다.

진정한 회복은 하나님의 은혜로 만족하는 것입니다. 근심과 슬픔 가운데서 애통할 때 우리는 갈급해집니다. 갈급한 만큼 설교를 들어도 눈물이 나고, 간증을 들어도 은혜가 됩니다. 성경을 보면서 깨달음을 얻을 때 무엇과 비할 수 없는 기쁨을 맛보게 됩니다. 내 영혼이 갈급한 만큼 은혜를 받는 것이 '기름으로 마음에 흡족하게 하시는 은혜'입니다.

영과 육의 원리는 이원론이 아니라 일원론이기 때문에 하나님이 회복시키시면 영적으로만 회복되는 것이 아니라 육적으로도 회복됩니다. 하나님은 믿는 자들을 굶기시는 분이 아닙니다. 내가 굶고 사는 이유는 예수님을 믿으면서도 복 받기만 바라고 내 죄에 대한 책임을 회피하려 하기 때문입니다. 멸망과 포로 생활 없이는 회복도 있을 수 없습니다. 나의 자아와 정욕이 하나님의 공의로 치리 받고 멸망을 받아야 물 댄 동산과 같은 회복의 은혜를 경험할 수 있습니다.

실연의 사건으로 교회를 떠나 방황하던 현우는 바벨론 포로 심판을 철저히 받았다고 합니다. 대기업에 합격하여 이생의 자랑을 보이고 싶었으나, 면접을 보는 족족 떨어지며 자존감은 바닥을 쳤습니다. 진정한 회개를 하지 못하고 어서 이 재앙이 끝나서 내가 이만큼 잘났다고 자랑하고 싶은 마음만 가득했습니다. 그러다 보니 하나님과 멀어져 점점 수렁에 들어갔습니다. 현우 안에 화평은 없어지고 늘 전쟁 같은 삶의 연속이었습니다. 육체에도 병이 들어 불면증에 시달렸고, 어느 날은 수면제에 취한 상태로 친구에게 전화를 걸어 "장례식서 보자"고 하는 바람에 모두를 놀라게 한 일도 있었습니다.

현우는 인생에서 가장 중요한 시기에 실연을 당해 고

난이 시작되었다며 원망하고 분노했습니다. 그렇게 바닥까지 내려가는 고통을 겪은 후에야 현우는 공동체가 그리워졌다고 합니다. 주일마다 만나서 말씀과 삶을 나누던 목장이 그립고 지체들이 그리워서 다시 교회로 돌아왔습니다. 그리고 이제는 목자가 아닌 목원으로 목장에 참석하면서 그동안 자신을 괴롭혔던 죄를 고백했습니다.

교제하던 자매와 헤어지면서 현우는 분노를 이기지 못하고 자매에게 인격적인 모독을 쏟았다고 합니다. 현우의 분노와 모욕감을 감당하지 못한 자매는 교회를 떠났고, 현우는 한때 사랑했던 사람에게 심한 상처를 주고 교회까지 떠나게 했다는 죄책감에 시달렸습니다.

평생 벗지 못할 것 같던 수치와 죄책감을 고백하고 자신의 이기심과 악함을 회개하면서 현우는 회복되기 시작했습니다. 쓰레기 같은 자신을 이해하고 보듬어 주는 지체들의 위로에 눈물이 나고, 대기업 취직이 아니라 말씀을 붙잡고 공동체를 붙잡는 것이 회복의 길이라는 것을 인정하게 되었습니다.

회복은 회개와 함께 시작된다

15 여호와께서 이와 같이 말씀하시니라 라마에서 슬퍼하며 통곡하는 소리가 들리니 라헬이 그 자식 때문에 애곡하는 것이라 그가 자식이 없어져서 위로 받기를 거절하는도다 16 여호와께서 이와 같이 말씀하시니라 네 울음소리와 네 눈물을 멈추어라 네 일에 삯을 받을 것인즉 그들이 그의 대적의 땅에서 돌아오리라 여호와의 말씀이니라 17 너의 장래에 소망이 있을 것이라 너의 자녀가 자기들의 지경으로 돌아오리라 여호와의 말씀이니라 18 에브라임이 스스로 탄식함을 내가 분명히 들었노니 주께서 나를 징벌하시매 멍에에 익숙하지 못한 송아지 같은 내가 징벌을 받았나이다 주는 나의 하나님 여호와이시니 나를 이끌어 돌이키소서 그리하시면 내가 돌아오겠나이다 19 내가 돌이킨 후에 뉘우쳤고 내가 교훈을 받은 후에 내 볼기를 쳤사오니 이는 어렸을 때의 치욕을 지므로 부끄럽고 욕됨이니이다 하도다 20 에브라임은 나의 사랑하는 아들 기뻐

> 하는 자식이 아니냐 내가 그를 책망하여 말할 때마다 깊이 생각하노라 그러므로 그를 위하여 내 창자가 들끓으니 내가 반드시 그를 불쌍히 여기리라 여호와의 말씀이니라 _렘 31:15~20

내 죄를 깨닫고 스스로 탄식하며 회개하는 것이 회복의 시작입니다. 어떤 죄를 지었더라도 탄식하고 회개하는 심령으로 예수께 돌아오면 교훈을 받아 자기 볼기를 치는 역사가 일어납니다. 내 죄를 인정하고 엎드리면 주님이 나를 책망하시는 것이 창자가 들끓는 사랑과 긍휼임을 깨닫게 됩니다.

실연을 당하고 2년 동안 백수 생활을 하며 분노와 심판의 시간을 보낸 현우는 자신의 치졸함과 이기심을 회개함으로 회복의 은혜를 누릴 수 있었습니다. 그리고 목장에서 죄를 고백한 다음 날 언론사 필기시험에 합격했다는 문자를 받았습니다.

그러나 다음 전형이 진행될수록 현우에게는 곤고한

순간의 연속이었습니다. 종합교양시험, 시험지 세 장 분량의 논술시험, 꼬리에 꼬리를 무는 실무진 면접, 주제 뽑기로 즉석에서 치르는 발표 면접이 숨 고를 틈도 없이 이어졌습니다. 그리고 마지막으로 한 명의 면접자와 아홉 명의 임원진이 면접을 보는 임원 면접을 보게 됐습니다.

아홉 명의 회사 임원들과 마주한 임원 면접 시간에는 처음부터 저를 압박하는 질문이 들어왔습니다. 떨리긴 했지만 저는 인정할 단점은 변명 없이 인정하고, 구체적인 설명이 필요한 부분은 중언부언하지 않고 사례를 들어 설명했습니다. 목장예배에서 지질한 죄 고백을 자주 하다 보니 콤플렉스를 찌르는 질문에도 무덤덤할 수 있었습니다. 또 목장예배에서 매주 나누고 말씀을 적용하다 보니 사례를 적용해서 조리 있게 설명하는 것에 불편함이 없었습니다.

하지만 집에 돌아와 옷을 갈아입고 수요예배에 가려고 버스를 기다리는데 너무 쓸쓸하고 괴로웠습니다. 그때 모르는 번호로 전화가 왔습니다. 여자 친구와 헤어진 지 2년째 되던 그날, 인사팀에서 합격 전화를 받았습니다.

그 순간, 그간의 악함이 회개되며 길거리에서 눈물이 났습니다. 제가 한 것이 하나도 없었습니다. 지난 2년 동안 하나님께 참 많이 대들며 믿음을 저버렸는데 하나님이 건져 주셨습니다. 도무지 죄를 깨닫지 못하던 제가 고난 속에서 낮고 쓸모없는 자가 될 때까지 하나님이 기다려 주셨습니다. 미움과 분노를 버리고 회개했을 때, 주님은 어린양의 보혈로 제 마음을 씻어 주셨습니다.

다시금 주일을 지키고, 목장에서 지체들과 울고 웃으며 나눔을 하다 보니 살 것만 같습니다. 어린양의 보혈로 저를 씻어 주시고 새 삶을 살게 해 주신 하나님, 사랑합니다. 고난이 축복임을 항상 말씀으로 일깨워 주시고, 저희 가정을 위해 기도해 주신 목사님, 감사합니다.

위로 받기를 거절하는 기막힌 슬픔과 통곡이 있어도 하나님께서 멈추게 하시고 돌아오게 하리라고 약속하십니다. 대적의 땅, 악하고 음란한 세상에 사로잡혔던 자녀들이 믿음으로 돌아온다고 하십니다.

명문대학과 대기업에 들어가고, 결혼 잘 하는 것을 인

생의 소망 삼고 있습니까? 오직 예수 그리스도를 믿는 믿음으로 주께 돌아가야 합니다. 나와 내 자녀의 인생이 예수님으로 결론지어져야 합니다. 그것이 우리 인생의 소망이 되어야 합니다. 육적으로 잘 먹고 잘살다가 예수 없이 죽으면 어쩌겠습니까.

성적이 안 좋고, 실연당하고, 취직을 못 하고, 병에 걸려서 슬퍼합니까? 공부 잘하고, 건강하고, 하는 일이 잘되니 눈물 흘릴 일도 없습니까? 믿는 우리는 오직 예수 때문에, 구원 때문에 애통하고 슬퍼해야 합니다. 내가 하나님의 자녀인가 아닌가, 내 자녀가 하나님의 자녀인가 아닌가는 '구원에 대한 애통함이 있는가, 없는가'로 분명하게 알 수 있습니다. 예수님을 믿어도 끊지 못하는 내 죄와 분노 때문에 애통해야 합니다. 아직 구원 받지 못한 가족 때문에 눈물로 애통해야 합니다.

하나님의 자녀인 우리에게
우연한 사건이란 없습니다.
이 세상 모든 일이 복음 전파와 구원을 위해
움직이는 것입니다.

내 마음 들여다보기

Q. 내 학업과 취업뿐만 아니라 모든 삶의 주인이 하나님이신 것을 인정합니까? 하나님이 나를 사랑하시므로 실패와 배신도 겪게 하시는 것을 믿습니까?

Q. 거듭되는 실패를 겪어도 그 속에서 하나님이 주시는 교훈을 받으며 하나님의 은혜로 만족하는 회복을 누립니까?

Q. 하나님께서 창자가 들끓는 아픔으로 나를 위해 애통하시는 것을 알고 있습니까? 그 뜨거운 사랑 앞에 내가 회개하고 돌이켜야 할 죄는 무엇입니까?

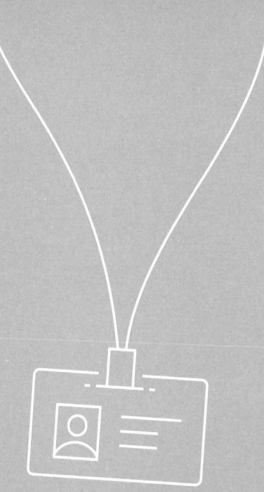

Part 5

부족해도 써 주시는 은혜가 있다

_마태복음 20:1~16

나의 무능을 유능이라 부르신 하나님

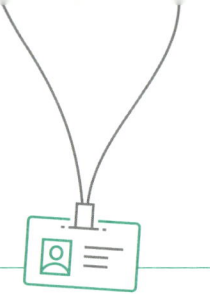

"김 서방, 잠깐 들어와 보게."

산후조리를 위해 친정에서 지내는 아내를 보러 처가에 들렀더니 장인어른이 기다렸다는 듯 재성 형제를 부르십니다. 결혼을 하고 아이까지 낳았지만 여전히 어렵기만 한 장인어른이기에 잔뜩 긴장해서 안방으로 들어섰습니다.

"자네, 취직은 대체 언제 할 건가. 일자리를 알아보고는 있는 건가?"

아내가 만삭의 몸으로 피아노 레슨을 하러 다닐 때도 가만히 지켜만 보시던 장인어른이 오늘은 분명 작정을 하신 모양입니다. 그래도 이해해 주시겠지 하는 생각에 마음을 가다듬고 설명을 드렸습니다.

"예, 아버님. 제가 알아보고는 있는데, 요즘 교회 수련회 준비를 하느라 바빠서요. 수련회에 다녀오는 대로 다시 준비하겠습니다."

"뭐, 수련회? 자네 지금 그걸 말이라고 하나!"

형제는 결혼하고 내내 백수로 지내는 처지였지만, 그래도 교회 일을 열심히 섬기고 있으니 체면은 지키고 있다고 생각했습니다. 그래서 당연히 이해하실 줄 알고 수련회 이야기를 꺼냈는데 돌아온 것은 호된 야단과 책망이었습니다. 고생하는 딸도 안쓰럽고, 아이까지 낳았으니 걱정이 돼서 하신 말씀이지만 처가 식구들 앞에서 야단을 맞고 나니 속에서 분이 올라왔습니다. 화도 나고 창피한 마음에 인사도 안 드리고 혼자 집으로 돌아와 버렸습니다.

마태복음 20장 포도원 품꾼의 비유는 사복음서 중에서 마태복음에만 실려 있습니다.

멸시 받는 세리 출신이었던 마태가 특별히 이 기록을

남긴 것은 하나님 나라가 가난한 자, 병든 자, 어린아이의 것이라고 하신 예수님의 가르침을 강조하고 싶어서가 아닐까 생각해 봅니다.

당시 유대인 사회의 기득권층인 바리새인들은 율법주의와 경건주의에 젖어 헌금도 잘 하고 기도도 열심히 했습니다. 모든 면에서 완벽해 보이는 사람들이었습니다. 그런데 그런 모범생들이 예수님의 말씀은 전혀 못 알아들었습니다.

바리새인은 가진 것이 많고 내세울 것이 많은데 예수님은 천국이 가난하고 비천한 자들의 것이라고 하시니까 분이 났을 것입니다. 입만 열면 성경 말씀이 나오고, 입만 열면 하나님을 사랑한다고 했지만 그리스도의 십자가를 받아들이지 못하기 때문에 그들은 먼저 된 자이면서도 나중 될 수밖에 없는 것입니다. 그러나 이 땅에서의 삶이 힘들고 어려울수록 하나님 나라를 사모하게 되는 것은 어쩔 수 없는 사실입니다. 천국은 공로나 자격으로 가는 곳이 아니요, 오직 은혜로 누리는 것이기 때문입니다.

나를 찾고 부르시는 하나님의 수고

천국은 마치 품꾼을 얻어 포도원에 들여보내려고 이른 아침에 나간 집 주인과 같으니_마 20:1

이른 아침부터 천국의 확장을 위해 애쓰시는 하나님의 모습을 생각하게 됩니다. 한 사람을 구원 받게 하고 천국으로 인도하기 위해 우리도 부지런히 애쓰며 수고해야 합니다. 교회 포도원, 목장 포도원, 말씀이 있는 곳으로 사람들을 인도하기 위해 몸이 가고 마음이 가는 수고가 필요합니다.

종일 전도만 하러 다니라는 말이 아닙니다. 학생은 공부 열심히 하고 직장인은 성실히 일하고 주부는 살림을 부지런히 하고, 각자의 역할에서 최선을 다해야 내가 전하는 복음도 영향력을 가질 수 있습니다. 내 할 일도 제대로 안 하면서 "교회 가자, 예수님 믿으라"고 하면 누가 그 말을 듣겠습니까?

그가 하루 한 데나리온씩 품꾼들과 약속하여 포도원
에 들여보내고 _마 20:2

천국은 반드시 약속이 있고 그 약속이 지켜지는 곳입니다. 약속의 자녀로서 우리는 하나님의 약속을 믿고 따르는 사람들입니다. 그리고 사람과의 약속도 잘 지켜야 할 책임이 있습니다. 포도원 주인이 품삯을 미리 정하고 약속한 것처럼 믿는 사람으로서 보상도 제대로 해야 합니다. 좋은 게 좋은 거라고 믿는 사람끼리니까, 교회 일이니까 그냥 넘어가려고 하면 안 됩니다. 한 데나리온이 큰 액수는 아니지만 그렇다고 공짜는 아닙니다. 정해진 시간과 보수를 지키고 정당하게 줄 것은 주고, 받을 것은 받아야 합니다.

상품 가치가 없는 사람들

3 또 제삼시에 나가 보니 장터에 놀고 서 있는 사람들이 또 있는지라 4 그들에게 이르되 너희도 포도원에

들어가라 내가 너희에게 상당하게 주리라 하니 그들이 가고 5 제육시와 제구시에 또 나가 그와 같이하고
_마 20:3~5

1절에 나오는 '이른 아침'은 우리나라 시간으로 대략 새벽 6시이고 제삼 시는 아침 9시를 가리킵니다. 그런데 이른 아침에 나가도 서 있는 사람이 있고, 삼 시, 육 시, 구 시에 나가도 계속 놀고 서 있는 사람들이 있습니다. 그러므로 우리는 놀고 서 있는 사람들이 있는지 부지런히 장터에 나가 보아야 합니다. 복음이 필요한 사람들, 인생의 목적을 찾지 못해서 서성거리며 방황하는 사람들을 열심히 찾아다녀야 합니다.

삼 시에 온 사람들은 이미 세 시간이나 늦게 왔지만 삯을 정당하게 주리라 하십니다. 구원은 처음이나 나중이나 똑같기 때문입니다. 구원 자체가 상급이고 하나님 나라 자체가 상급이기 때문에 먼저 오나 나중에 오나 똑같다는 말입니다.

내가 먼저 믿고 먼저 헌신했다고 더 받는 것이 아닙니다. 처음 전도하고 봉사할 때는 하나님이 상을 주실 거라고 기대할 수 있지만 믿음이 자랄수록 상급보다 하나님 나라 자체를 사모하게 됩니다. 나를 천국 백성 삼아 주신다면 주의 성전의 문지기로 있어도 너무 황송하고 감사한 마음이 들게 됩니다. 구원보다 더 큰 상급은 없습니다. 그 상급을 이미 얻었으니 삼 시에 왔어도, 육 시, 구 시에 와도 내가 받는 모든 것은 하나님 뜻에 정당하고 합당한 것입니다.

> 6 제십일시에도 나가 보니 서 있는 사람들이 또 있는지라 이르되 너희는 어찌하여 종일토록 놀고 여기 서 있느냐 7 이르되 우리를 품꾼으로 쓰는 이가 없음이니이다 이르되 너희도 포도원에 들어가라 하니라 _마 20:6~7

십일 시는 마감 한 시간 전, 땡 치기 한 시간 전입니다. 사실 우리는 마지막까지 남아 있는 사람은 피하고 싶어 합니다. 왜 아무도 안 데려갔을까, 뭔가 이유가 있겠지 하면서 외면하고 싶어 합니다. 멀쩡한데 왜 취직을 못 했어, 멀쩡한데 왜 결혼을 못 했어, 무슨 문제가 있겠지 하면서 데려가기를 거부합니다.

그런데 이 사람들은 종일 놀다가 십일 시에 장터로 나온 이들이 아닙니다. 아침부터 나와 서 있는데 아무도 품꾼으로 안 써 준 것입니다. 아마도 일찍 부름 받은 사람들에 비해서 '상품 가치'가 떨어진 모양입니다. 몸이 약해 보였을 수도 있고, 너무 험악해 보였을 수도 있습니다.

어디에서나 상품 가치가 높아 보이는 사람들이 빨리 눈에 띄는 건 사실입니다. 다른 사람들은 하나둘 일꾼으로 불려 가는데 아침부터 나와서 십일 시가 되도록 서 있는 사람들의 마음이 어땠을까요? 너무나 곤고하고 낮아졌을 것입니다. 오늘은 일하기 틀렸고 내일은 어떻게 일자리를 얻어 볼까 했을지도 모릅니다. 일을 못 하고 품삯을 못 벌었으니 어떻게 끼니를 해결할까 서글픈 마음도 있었을 것입니다.

재성 형제는 수련회나 행사 때마다 리더를 맡아서 섬기는 청년부의 일꾼입니다. 청년부 목자, 고등부 교사, 양육, 찬양팀 등 일주일 내내 교회에서 산다고 할 정도로 열심히 섬기더니 함께 봉사하던 청년부 자매와 결혼해 가정을 이루었습니다.

그런데 결혼 후 대학원을 마치고 1년이 지나도록 취직이 되지 않았습니다. 취직이 안 되니 유학을 가겠다고 준비했지만 당장 생활은 해야 하니 피아노를 전공한 자매가 레슨을 하며 생활비를 벌었습니다. 그러다 아이가 생기고 배가 불러오니 자매도 힘이 들고 서로 다투는 일이 많아졌습니다. 자매가 힘들다고 이야기하면 형제는 "왜 나를 이해 못해! 나도 힘들어. 그러면 다 포기하고 우유 배달이나 할까?" 소리를 질렀습니다. 인터넷 사이트를 돌아다니며 당장 할 수 있는 햄버거 배달이나 우유 배달 일을 알아보면서 "내가 내일 당장 취직한다"고 소리치곤 했습니다. 그때마다 자매의 어이없다는 비웃음과 눈물로 싸움이 끝났습니다.

사실 재성 형제에게는 자매와의 결혼이 열등감을 부추기는 촉매제였습니다. 자매를 비롯해 처가 식구들, 사촌, 친척들까지 모두 명문대 출신이었습니다. 재성 형제의 학벌은 장인어른의 기준에 차지 않았고 결혼하기까지 반대를 겪어야 했습니다. 그러니 취업이 안 되는 형제의 마음이 더 초조할 수밖에 없었습니다. 모두가 인정하는 대기업에 못 들어간다면 유학을 가서라도 열등감을 벗고 싶은 욕심이 있었습니다.

하지만 하나님은 재성 형제의 훈련을 쉽게 끝내지 않으셨습니다. 첫 아이가 태어나도록 취직도 안 되고 유학도 안 되는 고난의 나날이었습니다.

십일 시가 되도록 쓰임 받지 못하는 그 마음을 우리가 헤아려야 합니다. 학벌 때문에 반대하는 결혼을 했으니 능력을 보여 줘서 만회하고 싶은 형제의 마음이 얼마나 곤고했을까요. 남의 시선도 시선이지만 종일 놀고 서 있는 자신의 모습이 한심하고 무능하게 여겨졌을 것입니다.

그런데 포도원 주인이신 하나님은 종일토록 서 있는 그 사람을 일꾼으로 불러 주십니다. 아무 자격도, 대가도 없이 포도원으로 들어가라고 하십니다.

자격도 능력도 아니고 은혜로 부르신다

8 저물매 포도원 주인이 청지기에게 이르되 품꾼들을 불러 나중 온 자로부터 시작하여 먼저 온 자까지 삯을 주라 하니 9 제십일 시에 온 자들이 와서 한 데나리온씩을 받거늘_마 20:8~9

포도원에 들여보내 주신 것만도 감사한데 포도원 주인이 청지기들의 삯을 똑같이 챙겨 주었습니다. 일도 못 하고 백수로 지내다가 취직이 된 것만도 고마운데 먼저 온 사람들과 동일하게 대접해 준 것입니다.

그런데 이 일 때문에 원망하는 사람들이 생겼습니다.

10 먼저 온 자들이 와서 더 받을 줄 알았더니 그들도 한 데나리온씩 받은지라 11 받은 후 집주인을 원망하여 이르되 12 나중 온 이 사람들은 한 시간밖에 일하지 아니하였거늘 그들을 종일 수고하며 더위를 견딘 우리와 같게 하였나이다_마 20:10~12

먼저 온 자들이 나중 온 사람들도 같은 삯을 받았다고 주인을 원망하며 항의합니다. 자기 것을 빼앗긴 것도 아닌데 나중 온 사람들이 자기보다 일을 덜 했다고 생각하니까 같은 대접을 받는 게 기분 나쁜 것입니다.

먼저 온 자들은 첫째, 주인이신 하나님을 원망하고 둘째로 친구들보다 자신이 낫다는 우월감을 가졌습니다. 그리고 자만심에 빠졌습니다. 이것이 바로 모범생이 가진 교만입니다.

예수님을 믿으면서도 입만 열면 내가 수고한 게 많다고 하는 사람들이 있습니다. "내가 봉사했는데", "내가 금식하고 기도하고 큐티도 했는데", "내가 잠도 못 자고 준비했는데" 하면서 생색을 냅니다.

영 시나 세 시에 부름 받은 사람들은 일찍 뽑힌 것이 이미 상급입니다. 십일 시까지 놀고 서 있던 사람들은 자신들의 무능을 탓하며 정신적인 고통을 겪어야 했습니다. 그러니 하나님의 부르심은 공평합니다. 각자를 부르시는 하나님의 시간이 먼저이든지 나중이든지 '왜'냐고 따질 필요가 없습니다. 때와 기한은 하나님의 주권이기에 우리는 그저 순종만 하면 됩니다.

집에서 착한 아들로, 교회에서 유능한 일꾼으로 칭찬받던 재성 형제에게도 모범생의 교만이 있었습니다. '이 정도면 믿음도 좋고 성실한데 왜 결혼을 반대하시는가, 왜 취직을 안 시켜 주시는가' 하는 생색과 원망으로 힘들 수밖에 없었습니다.

열등감은 곧 교만입니다. 하나님이 허락하신 것에 감사하지 못하고 남과 비교하며 불평하는 죄가 열등감입니다.

우리가 실력은 없어도 원망과 불평은 하지 말아야 합니다. 의인은 없나니 하나도 없기 때문입니다(롬 3:10). 내 자격이나 공로로 하나님의 부르심을 받는 사람은 없기 때문입니다. 십일 시에 온 사람들이 왜 자기를 늦게 불렀냐고 주인을 원망했겠습니까? 왜 나를 못나게 지으셨냐고 하나님을 원망했을까요? 십일 시에 온 사람들은 원망도 불평도 하지 않았습니다. 자기가 실력 없고 못난 줄 알고 묵묵히 잘 기다렸습니다. 열두 시 종 치기 한 시간 전에 불러 주신 것만으로도, 한 시간 쓰임 받은 것만으로도 기뻐서 감사밖에는 드릴 것이 없었습니다.

　결혼 반대와 1년의 백수 생활로 곤고함을 겪은 재성 형제도 하나님의 은혜로 취직이 되었습니다. 그토록 원하던 대기업의 연구원으로 장인어른에게 가장 큰 축하를 받으며 입사를 했습니다. 입사 시험을 치르는 한 달 동안이 형제에게는 가장 치열한 영적 전쟁의 시간이었다고 합니다. 자신의 치졸함과 열등감을 낱낱이 보았고, 자신이 얼마나 자격 없는 존재인지를 깨달았습니다. 최종 면접 때는 날짜를 착각해서 하루도 제대로 준비할 수 없었다고 합니다.

　예전에 면접 볼 때는 어떻게든 면접관들에게 하나님의 사람이라는 것을 보여 주겠다는 교만한 마음으로 준비했는데, 이번에는 그럴 시간도 없고, '날짜도 모르는 주제에 무슨 취업이냐'는 생각도 들었다고 합니다. 최고의 학벌을 가진 사람들과 경쟁을 해야 하는데 하나님께서 도와주시지 않으면 불가능한 일이라 생각하니 저절로 기도가 되었습니다. 하나님만 의지할 수밖에 없기에 오히려 담담하게 면접에 임할 수 있었습니다.

그렇게 마음의 준비를 하고 갔는데 신기하게도 면접 볼 때 처음부터 끝까지 교회 이야기만 하고 나왔다고 합니다. "능력의 개인차는 5배지만 의식의 차이는 100배"라는 설교 말씀에 공감하며, 면접을 잘 봤다는 생각에 스스로 대견스러웠다고 합니다.

그러나 결과를 기다리는 하루하루가 견디기 어려웠습니다. 조급하고 피가 마르는 것 같았습니다. 왜 이렇게 안달을 할까 생각해 보니 지금까지 부인해 오던 학벌에 대한 열등감 때문에 남보다 더 좋은 회사에 들어가서 자기를 보여 주고 싶은 마음이 있음을 깨닫게 되었습니다. 재성 형제에게는 이것이 하나님만 바라게 하는 양육 방법이었습니다. 형제는 기도 시간에 눈물을 흘리며 회개 기도를 했습니다. 기도하는 중에 하나님께서 자신을 선택하셨다는 마음이 들었고 지질한 자기의 모습을 보게 하셔서 감사했습니다.

회사에서 합격 통보를 받던 날, 재성 형제는 아내와 껴안고 울며 서로 용서하고 진심으로 회개 기도를 했습니다. 지난 시간 취업에 성공한 다른 지원자들을 부러워했지만, 생각해 보니 이 면접을 위해 우리들교회에서 6년 동안 훈련 받은 것 같다고 고백했습니다. 재성 형제는 자신이 한 것이라고는 주일성수를 무엇보다 중요하게 생각하고, 말씀으로 양육 받고, 목자로 섬기고, 수련회에 가고, 주일학교 교사로 섬긴 것이 전부라고 겸손하게 간증했습니다.

> 13 주인이 그중의 한 사람에게 대답하여 이르되 친구여 내가 네게 잘못한 것이 없노라 네가 나와 한 데나리온의 약속을 하지 아니하였느냐 14 네 것이나 가지고 가라 나중 온 이 사람에게 너와 같이 주는 것이 내 뜻이니라 15 내 것을 가지고 내 뜻대로 할 것이 아니냐 내가 선

하므로 네가 악하게 보느냐 16 이와 같이 나중 된 자로서 먼저 되고 먼저 된 자로서 나중 되리라_마 20:13~16

나의 출신과 학벌과 실력도 하나님의 것입니다. 나의 생명, 내 인생 전체가 하나님의 것입니다. 하나님의 것을 가지고 하나님 뜻대로 하시는 일에 누구도 원망하거나 낙심할 필요가 없습니다. 하나님의 구원은 누구에게나 공평하고 하나님 나라는 어느 누구에게나 동일하게 열린 곳이기 때문입니다. 구원 자체가 상급이기에, 하나님 나라가 상급이기 때문입니다. 그러므로 구원의 상급을 받았다면 우리는 이미 복된 인생입니다. 언제 부름을 받건 어떤 일을 얼마나 했건 하나님의 포도원에 들어간 것만으로 이미 최고의 인생입니다.

하나님의 부르심은 공평한 것입니다.
각자를 부르시는 하나님의 시간이
먼저이든지 나중이든지 '왜?'냐고 따질 필요가 없습니다.
때와 기한은 하나님의 주권이기에
우리는 그저 순종만 하면 됩니다.

내 마음 들여다보기

Q. 내가 직장을 찾는 기준은 무엇입니까? 하나님 나라 확장을 위해 하나님께서 합당한 일꾼을 찾고 계십니다. 월급과 대우, 회사의 크기만 따질 것이 아니라 복음의 열매를 거두는 직장으로 인도해 주시기를 기도합니까?

....
....
....
....

Q. 나는 몇 시에 부름 받은 사람입니까? 나의 상품 가치는 스펙이 아닌 하나님을 믿는 믿음으로 매겨지는 것을 알고 있습니까?

....
....
....
....
....

Q. 내 경력과 실력을 앞세우며 남보다 좋은 대우를 받아야 한다고 생각합니까? 자격도 능력도 부족한 나를 오직 은혜로 부르시는 하나님의 사랑에 의지하며 감사합니까?

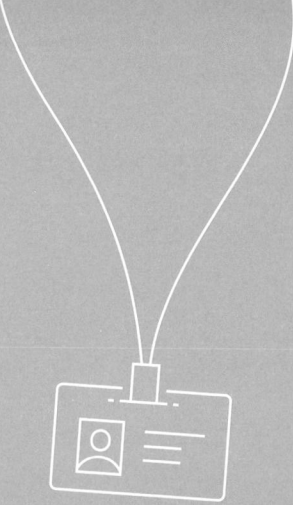

Part 6

성경적 처세술로
준비하라

_창세기 41:53~57

2인자를 자처하는 겸손

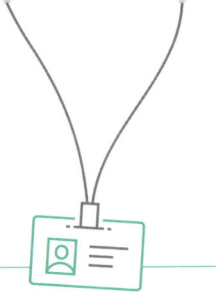

어떤 사람이 세계적인 지휘자 레너드 번스타인(Leonard Bernstein)에게 이런 질문을 했습니다.

"선생님, 오케스트라의 많은 악기 중에서 가장 지휘하기 힘든 악기는 무엇이라고 생각하십니까?"

번스타인이 대답했습니다.

"가장 힘든 악기는 제2 바이올린입니다."

"그렇게 드러나지 않는 파트가 지휘하기 힘들다니 의외네요. 왜 그렇게 생각하십니까?"

"제1 바이올린을 훌륭하게 연주하는 사람은 얼마든지 있습니다. 가장 화려하며 돋보이기 때문에 모두가 그

자리에 서려고 합니다. 그만큼 많은 노력과 열정이 우러나오지요. 하지만 제1 바이올린을 연주하는 열정으로 제2 바이올린을 연주하는 사람은 참으로 구하기 어렵습니다. 프렌치호른이나 플루트의 경우도 마찬가지입니다. 어떤 악기든지 제1 연주자는 많지만 그와 함께 아름다운 화음을 이루어 줄 제2 연주자는 너무나 적습니다. 만약 아무도 제2 연주자가 돼 주지 않는다면 오케스트라의 연주는 절대 이루어질 수 없습니다."

불황에도 굶지 않는 비결

53 애굽 땅에 일곱 해 풍년이 그치고 54 요셉의 말과 같이 일곱 해 흉년이 들기 시작하매 각국에는 기근이 있으나 애굽 온 땅에는 먹을 것이 있더니 _창 41:53~54

사람들은 '갑자기' 흉년이 왔다고 말합니다. 갑자기 사건이 터지고, 갑자기 경제가 안 좋아지고, 갑자기 병이 들었다고 합니다. 하지만 애굽 땅에 풍년이 그치고 흉년이 찾아온 것은 갑자기 일어난 천재지변이 아닙니다. '요셉의 말과 같이', 하나님께서 바로의 꿈을 통해 예고해 주신 대로 흉년이 찾아온 것입니다(창 41:15~31). 그래서 하나님이 예고해 주신 그 말씀을 믿고 미리 준비한 애굽 땅에는 기근이 와도 먹을 것이 있었습니다.

하나님을 믿는 우리에게 우연히, 갑자기 일어나는 일은 없습니다. 모든 사건이 내가 살아온 날의 결론이고 내 삶의 결과입니다. 하나님은 성경을 통해, 예배를 통해, 공동체의 나눔과 간증을 통해 우리 삶에 찾아올 풍년과 흉년을 미리 알려 주십니다. 그래서 어떤 말씀도 나에게 주시는 하나님의 음성으로 듣고 내 삶에 적용하는 것이 흉년을 예비하는 방법입니다.

물론 말씀을 듣고 예비해도 흉년은 똑같이 찾아옵니다. 내가 큐티하고 기도하고 말씀으로 무장해도 돈의 흉년, 건강의 흉년, 관계의 흉년이 얼마든지 찾아올 수 있습니다. 하지만 미리 말씀으로 예방주사를 맞고 흉년을 당하는 것과 아무 대책 없이 흉년을 당하는 것은 하늘과 땅 차이입니다.

제가 설교 때마다 고난이 축복이라고 외치고, 죄를 오픈하고 회개하라고 부르짖으니 듣기 힘들어하는 분도 많습니다. 웬만해서는 예배 중간에 안 나갈 텐데 설교를 듣다가 분해서 뛰쳐나가는 사람도 있습니다. 예배나 목장, 교회 홈페이지를 통해 고난과 죄를 고백하는 간증을 들으면서 지겹다고 하는 사람도 있을 것입니다.

그럼에도 귀 있는 자는 들으라고 날마다 고난의 메시지를 외치는 이유는 복음이 그런 것이기 때문입니다. 예수 믿으면 잘된다, 기도하면 복 받는다는 것이 아니라 '장차 받을 환난'을 미리 전하는 것이 복음입니다(살전 3:4). 그러니 들을 때는 지겹고 분하더라도 미리 들은 사람들은 기근에도 굶지 않을 것입니다. 이해도 공감도 안 되던 간증들이 내가 고난을 당하고 나면 저절로 이해가 되고, '나도 말씀으로 해석하면서 가야지. 나도 그 집사님처럼 순종하고 적용해야지' 하면서 힘을 얻게 되는 것입니다.

내 신분을 알고 그 이상 넘어가지 마라

55 애굽 온 땅이 굶주리매 백성이 바로에게 부르짖어 양식을 구하는지라 바로가 애굽 모든 백성에게 이르되 요셉에게 가서 그가 너희에게 이르는 대로 하라 하니라 56 온 지면에 기근이 있으매 요셉이 모든 창고를 열고 애굽 백성에게 팔새 애굽 땅에 기근이 심하며
_창 41:55~56

애굽 왕 바로는 요셉에게 모든 일을 일임했습니다. 요셉은 창고 문을 열어 백성에게 곡식을 팔고, 기근을 이겨 냈습니다.

사실 풍년과 흉년의 꿈을 꾼 사람도 바로 왕이고, 풍년에 부자가 되어서 흉년을 예비하는 복을 받은 것도 바로 왕입니다. 그런데 복 받는 꿈을 꾸고 그대로 이루어져도 그것을 해석해 주는 요셉이 없으면 소용이 없습니다. 하나님이 꿈을 주시고 복을 주셔도 깨닫지 못하는 사람은 복을 누리지 못하는 것입니다.

그래서 요셉이 얼마든지 잘난 척을 할 수도 있겠지만, 요셉은 꿈도 풍년의 복도 바로의 것이라고 금세 인정합니다. 바로가 깨닫지 못하는 것을 요셉이 해석해 주면서도 "하나님이 그가 하실 일을 '바로에게' 보이셨다"고 말합니다(창 41:25).

"저는 꿈을 꾼 적도 없고, 복을 받은 적도 없습니다. 단지 하나님이 그 꿈의 의미를 해석하는 머리를 주셨을 뿐입니다. 꿈의 뜻을 알고 복을 주신 뜻도 알지만 그것은 제 것이 아니라 왕의 것입니다."

이렇게 말함으로써 바로와 좋은 관계를 맺게 된 것입니다.

하나님이 꿈을 해석하고 흉년을 해결할 지혜를 주셨지만 요셉이 얻을 수 있는 복은 바로의 관리인으로 취직이 되는, 그 이상도 이하도 아니었습니다. 부요와 복은 요셉의 것이 아니라 애굽 왕 바로의 것이었습니다. 애굽의 총리라고 해도 바로에게 월급 받는 월급쟁이일 뿐이고, 바로가 해고하면 당장 그만둬야 하는 을의 신분이었습니다. 히

브리 노예와 죄수라는 신분에서 벗어나 친족을 다 먹여 살릴 정도로 엄청난 성공을 했지만 생살여탈권은 여전히 바로에게 있는 것입니다. 이러한 자기 위치를 알고 함부로 넘어서지 않은 것이 요셉이 가진 가장 큰 지혜였습니다.

하나님이 주시지 않는 것을 내가 가지려고 하면 안 됩니다. 내 번지수를 잘 알아야 합니다. 내가 기막힌 아이디어를 내서 회사가 번창해도 그 이익은 회사 것이지 내 것이 아닙니다. 나 때문에 회사가 돈을 벌었는데 나를 무시한다고 억울해하면 안 됩니다.

지식도 기술도 아이디어도 하나님이 주시는 것입니다. 하나님이 주신 능력과 지혜로 살아가는 우리가 받을 상급은 세상에서 인정받고 박수 받는 것이 아닙니다. 누가 알아주지 않고 인정을 못 받아도 하나님이 나를 통해 회사를 일으키셨다는 것, 그 기쁨과 보람이 우리의 상급입니다.

바로 왕도 자기가 꿈을 꾸고 복을 받았지만 요셉의 지혜 때문에 복을 누리게 됐다는 걸 인정했습니다. 하나님을 믿는 요셉 때문에 자신이 잘된 것을 인정하고 요셉을 대우

해 주고 요셉이 하나님 섬기는 것을 막지 않았습니다. 아무리 그럴듯한 해석을 해도 안 듣고 안 믿으면 그만입니다. 그런데 하나님도 안 믿는 바로가 요셉을 알아보고 등용했다는 것, 이것이 바로의 위대함입니다.

바로와 요셉은 자신을 인정하고 서로를 인정함으로 복을 받았습니다. 사장이 하나님을 안 믿고, 가족이 하나님을 안 믿어도 '내가 왜 안 믿는 사람한테 돈을 벌어다 줘야 해?' 이러는 건 말도 안 되는 생각입니다. 세상 사람들이 잘 살기 위해서는 믿는 사람이 얼마나 수고해야 하는지 모릅니다. 영적으로만 빛과 소금이 되는 것이 아니라 실제적으로 희생하고 도움을 줘야 합니다. 세상에 속하지 말라고 해서 세상을 원수로 여기고 절에 가서 땅 밟기 기도를 하고 석상을 잘라 내는 것은 신앙과 전혀 상관없는 몰상식일 뿐입니다.

정희 형제는 폭력적인 아버지와 매사에 엄격한 교사 어머니 밑에서 단 한 번의 반항도 하지 않고 자랐다고 합니다. 형제는 모태신앙인으로 하나님을 믿는다고 했지만 소심하고 남자답지 못한 자신에게 늘 실망하고 좌절했습니다. 믿음으로 자존감을 살리겠다고 기도도 해보았지만 금세 포기하고 항상 세상적인 방법으로 자신의 나약함을 감추려 애썼습니다.

지방대 출신이라는 학벌을 감추려고 ROTC에 지원해서 장교 생활을 하고, 건설회사에 입사해 일을 하면서 남자답지 못한 자신을 감추려고 험한 욕설과 큰 목소리로 하청 업체와 작업자들을 대했습니다. 소심함을 감추려고 술·담배를 하고, 상사들에게 화끈하다는 말을 듣고 싶어서 안마시술소와 룸살롱을 드나들며 비위를 맞추고 음란을 즐겼습니다. 그렇게 애쓰고 노력한 끝에 회사의 우수사원으로 뽑히고 진급도 하고 인정을 받게 되었습니다.

그런데 건설 경기가 안 좋아지고 회사의 경영 악화로 정리해고가 진행되면서 승승장구하는 줄만 알았던 정희 형제가 해고 대상이 되었습니다. 더 견딜 수 없는 것은 항상 자신보다 못해서 2인자 취급을 받던 동료는 해고되지 않고 살아남은 것입니다. 믿었던 상사에 대한 배신감에 그는 심한 좌절을 느꼈습니다. 게다가 형제가 새 직장을 구하는데 살아남은 그 동료도 같이 이직을 하겠다고 따라오더니 형제는 면접에서 떨어지고 그 동료가 합격을 했습니다. 말주변도 없고 긴장하여 말까지 더듬으며 면접을 본 동료는 붙고, 자신감 있고 당당하게 면접을 봤던 형제는 떨어진 것입니다.

　남자들에게는 직장생활이 여자들의 시집살이 못지않은 고난인데, 해고와 탈락의 수난을 겪으면서 형제가 얼마나 힘들었겠습니까. 더욱이 자기가 무시했던 동료에게 연속으로 패배하니 수치와 모욕감에 목장에서도 말하기가 싫었다고 합니다. 그런데 목장예배에서 다른 형제들의 나눔을 들으면서 다들 못나고 지질한 고난으로 힘들어한다는 걸 알게 되었고, 형제도 용기를 내서 자신이 겪은 수치를 오픈할 수 있었습니다. 창피하다고만 생각했는데 목자와 목원들이 형제의 마음에 공감해 주니 형제도 위로를 얻고 상한 자존감이 조금씩 치유되기 시작했습니다.
　남의 이야기로만 들리던 설교와 간증이 어느 때보다

은혜가 되었고, 직장생활 동안 1인자의 자리를 차지하려고 다른 사람을 무시하며 늘 불협화음을 냈던 자신의 죄를 깨닫게 되었습니다. 그런 자신에 비해 다른 직원들에게 친절하고 상사를 잘 따랐던 2인자 동료가 당연히 살아남을 수밖에 없다는 것을 인정하게 되었습니다.

우리가 받을 상급은 남보다 잘나고 잘되는 것이 아닙니다. 하나님께서 주신 능력과 재주를 사용해서 일을 할 수 있다는 것, 이것 자체가 우리의 상급입니다. 특별히 다른 사람보다 뛰어나게 하셨다면 더 많은 일을 하고 더 많은 사람을 도울 수 있다는 것, 이것이 상급입니다. 열심히 일하는 자체가 상급이 되어야 하는데 거기에 야망이 들어가고 욕심이 들어가면 그 순간부터 나도 망하고 회사도 망하는 것입니다.

내 자리를 잘 알고, 내 주제와 위치를 알고 상대방을 인정하면 흉년에도 먹을 것이 있게 하십니다. 하나님 앞에서 나를 인정하고 상대방을 인정하는 겸손한 사람을 하나님은 절대 굶기지 않으십니다. 겸손한 자는 먹고 배부를 것이며(시 22:26), 겸손과 여호와를 경외함의 보상은 재물과 영광과 생명(잠 22:4)이라고 약속해 주셨습니다.

정희 형제가 말씀을 통해 자신의 교만과 허세를 회개했을 때 하나님은 형제를 굶기지 않으시고 먹을 것이 있게 하셨습니다.

얼마 후 또 다른 회사에 면접을 보러 갔는데 임원 면접에서 "지난 직장에서 7년간 근무를 했는데 회사생활 하면서 느낀 점은 무엇이고, 앞으로 우리 회사에 들어오면 어떤 자세로 일하겠는가?"라는 질문을 받았습니다.

무조건 당당한 모습이 최고인 줄 알았던 형제는 그동안의 은혜를 생각하며 이렇게 대답했습니다.

"지난 직장에서 저는 1인자로 인정받으며 제 능력이 최고인 줄 알고 교만하게 행동했습니다. 그래서 하청업체 직원들과 불협화음을 낼 때도 많았고 섬겨야 할 사람들을 섬기지 못했습니다. 앞으로 이 회사에서 일하게 된다면 스스로 1인자가 되려 하기보다 다른 사람을 받쳐 주는 2인자의 모습으로 상사, 동료들과 조화를 이루는 생활을 하고 싶습니다."

면접을 본 다음 날 그 회사의 인사 담당자에게 전화가 왔습니다. "어떻게 면접을 봤기에 임원들이 모두 마음에 들어 하시냐"면서 당장 출근을 하라는 것이었습니다. 그리고 건설 직종에서는 꿈꾸기 어려운 주 5일 근무에, 8시 30분에 출근해서 5시 30분에 퇴근을 하는, 주일예배와 수요예배, 목장예배까지 사수할 수 있는 최고의 조건으로 입사를 하게 되었습니다.

사명대로 쓰임 받는 게 복이다

온 지면에 기근이 있으매 요셉이 모든 창고를 열고 애굽 백성에게 팔새 애굽 땅에 기근이 심하며_창 41:56

7년 풍년에 이어 7년의 흉년이 이어지는데, 애굽 왕 바로는 흉년의 때에 풍년 때보다 소득을 훨씬 더 많이 올리고 있습니다. 모두가 힘들어 죽겠다고 하는 때에 창고를 열어 곡식을 팔아서 돈을 벌었습니다. 7년 풍년의 때에는 요셉의 제안대로 수확의 5분의 1을 거둬들여서 저축하고, 7년 흉년 동안에는 그것들을 팔아서 돈을 벌었으니 14년 동안 엄청난 부를 쌓은 것입니다.

그런데 백성들 입장에서 보면 요셉이 악덕 관리이지 않습니까? 풍년에 공짜로 거둬간 것을 흉년에 돈 받고 팔았으니 자기 배만 불리는 악덕 총리 아닙니까? 하지만 결과적으로는 요셉은 자기 배를 불린 것이 아니라 애굽을 부유하게 한 것이고 애굽 백성들에게도 유익한 일이었습니다.

기근에 곡식을 무료로 나눠 주면 온 나라가 얼마나 난리가 나겠습니까. 누구는 무료로 주고 누구는 돈을 받고 준다면 그것 또한 얼마나 분쟁거리가 되겠습니까. 무상복지가 무조건 좋은 것도 아니고, 대책이 없는 복지로 나라가 가난해지면 결국 그 부담은 다시 국민에게로 돌아올 뿐입니다. 무료로 나눠 주기만 하는 게 좋은 것이 아니라 7년이라는 긴 흉년 동안 백성을 굶기지 않기 위해 제대로 된 지혜와 정책이 필요합니다.

풍년에도 흉년에도 부를 쌓고 있는 바로처럼 하나님이 쓰시기 위해 돈이 붙는 사람이 따로 있습니다. 또 요셉처럼 경영학의 귀재가 돼서 그 돈을 잘 관리하는 사람이 따로 있습니다. 하나님께서 세상의 구조를 이렇게 만드셨다는 걸 알아야 합니다. '내가 똑똑하고 학벌도 좋은데 왜 돈을 못 버는가' 불평합니까? 똑똑하고 학벌이 좋아서 못 버는 것입니다. '저 사람은 무식하고 배운 것도 없는데 왜 돈이 많은가' 의문이 듭니까? 무식해서 돈이라도 많은 것입니다.

하나님이 주신 역할이 어떤 것이든지 나는 내가 잘하는 것을 하면 됩니다. 돈을 붙여 주시는 사람은 돈을 벌고, 관리를 잘 하는 사람은 관리를 잘 하면 됩니다. 저 사람만 왜 돈이 착착 붙는 거냐고 비교하면서 열 받지 말고 그게 그 사람의 복인 것을 인정해야 합니다. 내가 잘하는 것으로 일을 할 수 있다는 것, 아침에 일어나서 나갈 곳이 있고 내 몸을 움직여서 일할 수 있다는 것은 엄청난 축복입니다.

허락하신 윗사람에게 최선을 다해야 한다

각국 백성도 양식을 사려고 애굽으로 들어와 요셉에게
이르렀으니 기근이 온 세상에 심함이었더라 _창 41:57

각국 백성이 애굽에 와서 양식을 구했습니다. 하나님을 믿는 이스라엘 사람들도 애굽에 와서 양식을 구했습니다. 안 믿는 바로가 믿는 사람들을 먹여 살리고 있습니다.

다니엘서에 보면 바벨론의 느부갓네살 왕도 하나님을 안 믿지만 하나님을 믿는 히브리 사람들의 지혜가 필요해서 다니엘을 비롯해 인재들을 데려오고, 다니엘을 총리로 세웁니다. 그 결과 바벨론은 더 강한 나라가 됩니다. 다니엘은 하나님의 사람이니 안 믿는 바벨론을 돕지 말고 거짓 정책과 거짓 보고로 바벨론을 망하게 해야 옳은 것일까요? 결코 그렇지 않습니다.

하나님을 섬기는 사람은 내게 허락하신 윗사람도 최선을 다해 섬겨야 합니다. 요셉과 다니엘처럼 나에게 허락하신 세상 왕을 깍듯하게 모셔야 합니다. 예수님이 당시 지배국이었던 로마에 세금을 내면서 "가이사의 것은 가이사에게 바치라"(마 22:21)고 하신 것처럼 세상의 주인은 세상이라는 것을 인정해야 합니다.

　세상이 옳고 좋다는 게 아닙니다. 세상의 주인은 세상이기 때문에 세상에 속한 것은 세상이 멸망할 때 다 사라져 버립니다. 그러니 우리는 없어질 세상 것에 연연할 필요가 없습니다. 세상을 위해 수고하되 세상에 속하지 않은 사람, 이 땅에서 나그네로 사는 사람은 세상이 망할 때도 새 하늘과 새 땅을 볼 것입니다(벧후 3:12~13).

　나그네가 여행 중에 한 성읍을 지난다고 해 봅시다. 그 성읍이 평안하고 잘살아야 나그네도 편하게 갈 수 있습니다. 우리가 이 세상을 통과하는 짧은 인생 동안 세상이 잘돼야 나도 편한 것이지, 세상이 망하고 나그네가 잘되면 서로가 고생입니다. 육체도 마찬가지입니다. 잠시 살다가 벗고 갈 육신이지만 그래도 사는 동안 육신이 건강하고 편해야 좋은 것이지, 썩을 육신이라고 술과 담배와 음란으로

혹사하면 고생만 하다가 가는 것입니다.

내가 세상의 주인이 되라고 하나님께서 나를 보내신 것이 아닙니다. 돈, 성공, 육적인 즐거움은 세상과 함께 망하고 사라질 것입니다. 한시적인 세상길에서 영원하신 하나님을 나타내라고, 영원한 은혜와 생명을 누리는 자로서 다른 사람을 돕고 오라고 나그네 인생을 허락하십니다.

그러므로 세상의 권력과 지위는 대적할 대상이 아니라 섬겨야 할 대상입니다. 지금 허락하신 주인이 바로라면 그에게 순종하고 최선을 다해서 그를 도와야 합니다. 눈에 보이는 복은 바로와 애굽이 받겠지만, 하나님이 계획하시고 지으실 터를 바라면서 가는 우리는 어떤 환경에서도 평안과 자유를 누리며 나그네 인생을 즐길 수 있습니다(히 11:10).

내 마음 들여다보기

Q. 성적의 불황, 취업의 불황, 월급의 불황을 겪고 있습니까? 그 이유가 회사나 세상 때문이 아니라 나의 욕심과 안일함 때문임을 인정하고 회개합니까?

....
....
....
....

Q. 사람이 아닌 하나님께 인정받는 일꾼이 되고자 성실하게 일하고 있습니까? 누가 알아주지 않아도 하나님께서 주시는 보람과 만족으로 기쁨을 누립니까?

....
....
....
....
....

Q. 나그넷길인 이 땅의 삶에서 내게 맡겨진 역할은 무엇입니까? 부하건 가난하건, 유능하건 무능하건 하나님이 주신 것으로 사명을 이루고 가는 것이 최고의 인생임을 믿습니까?

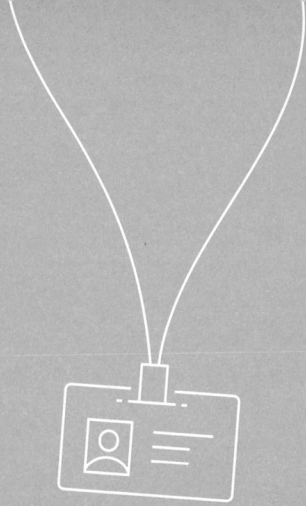

Part 7

고난은 사명을 주시기 위한 밑거름이다

_스가랴 1:1~17

절망에서 사명으로, 할 일을 찾다

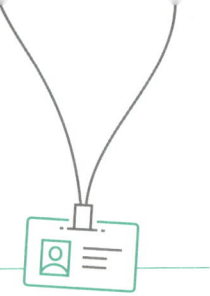

서른다섯 살이 된 자신의 모습을 상상도 못 해 봤다는 형제가 있습니다.

어려서부터 인생이 너무 힘들고 외로워서 자신은 서른다섯 살이 되기 전에 이 세상에서 사라질 것이라고 생각했기 때문입니다.

서른다섯, 많다면 많고 적다면 적은 나이를 꿋꿋하게 살아낸다는 것은 누구에게나 만만치 않은 일입니다. 이 땅에서 맡은 역할이 각자 다를 뿐, 우리는 모두 같은 인생을 걸어갑니다. 나만 힘들고 어려운 것 같아서 '나한테 왜 이런 배역을 맡겼느냐'고 따질 수가 없습니다. 아름답고 고

상한 역할이라고 무조건 주인공인 것도 아니고, 힘들고 험난한 역할이라고 주인공이 못 되는 것도 아닙니다.

성경 전체를 봐도 약하고 부족하고 험악한 역할을 맡은 사람들이 구속사의 주인공으로 우뚝 서 있습니다. 내게 맡겨진 역할이 어떠하든지, 어떤 환경에서 태어났든지 예수 그리스도를 믿고 구원 받은 나는 인생의 주인공입니다. 절망과 실패, 상처와 죄로 죽을 것 같아도 오늘 그 죄 때문에 눈물로 회개하고 구원을 받는다면 오늘부터 내가 제일 중요한 인물이고 하나님의 구속사의 주인공입니다.

말씀이 깨달아지면 길이 보인다

다리오 왕 제이년 여덟째 달에 여호와의 말씀이 잇도의 손자 베레갸의 아들 선지자 스가랴에게 임하니라 이르시되_슥 1:1

스가랴는 '여호와께서 기억하신다'라는 뜻입니다. 이스라엘 민족이 바벨론 포로로 잡혀가서 70년 포로 생활을 하다 보니 하나님이 나를 잊으셨다는 생각도 들었을 것입니다. 그래서 어떤 연약한 자도 하나님께서 택하신 사람은 반드시 기억하신다는 뜻으로 스가랴를 세우셨습니다.

스가랴에게 말씀이 임하고 그가 처음 설교를 시작한 것이 다리오 왕 2년 여덟째 달입니다. B.C. 536년에 백성이 포로 신분에서 놓여 예루살렘으로 귀환하고 스가랴가 B.C. 520년부터 말씀을 전했으니 포로 생활을 마치고 돌아온 지 16년이 지난 시점입니다. 그런데 다리오는 이스라엘이 아니라 페르시아의 왕입니다. 포로 생활을 끝내고 돌아와서도 여전히 페르시아 왕의 연호를 쓰고 있는 것입니다. 바벨론은 망하여 포로 생활도 끝났고 그토록 사모하던 내 땅에 돌아왔는데 아직도 이방 세상의 통치에서 벗어나지 못했습니다.

부귀와 안일함은 우리의 가치관을 무너뜨립니다. 내

가 한번 세상에 끌려가면 다시 하나님의 통치를 받기가 얼마나 어려운지 모릅니다. 육신의 정욕은 악하고 더러워서 한번 쾌락과 중독에 빠져들면 마음과 상관없이 몸이 끌려다닙니다. 내가 아무리 끊고자 해도 나도 모르게 몸이 끌려가니 악과 음란의 통치를 벗어나기가 너무 어렵습니다. 강대국 바벨론이라는 좋은 환경에 있으니 포로 신분이어도 "바벨론에 살리라~" 하며 안주하게 됩니다. 잘사는 바벨론에서 풍요를 맛보다가, 70년 포로 생활이 끝나고 돌아온 고향 땅은 성전도 무너지고 그야말로 폐허이니 바벨론의 통치가 쉽게 벗어지겠습니까. 여전히 세상이 좋고 부귀영화가 좋아서 노예근성을 쉽게 못 버리는 것입니다.

이스라엘 백성이 16년 동안 세상 왕의 연호를 쓰면서 해야 할 일을 안 하고 있으니까 잇도의 손자 베레갸의 아들 선지자 스가랴에게 여호와의 말씀이 임했습니다. 말씀이 임하고 말씀을 깨닫기 시작하면 그때부터 길이 보입니다.
내가 중독과 쾌락의 포로에서 벗어나 하나님의 통치를 받으려고 하면 사탄도 들고 일어나서 나의 회복을 방해

합니다. 그래서 먼저 말씀이 나에게 임해야 합니다. 말씀이 임하고 말씀대로 살고자 하면 어떤 방해도 물리치고 무너진 성전을 재건할 수 있습니다.

이 시대에 학생들과 청년들이 성경적 가치관으로 산다는 것이 얼마나 어려운 일입니까. 성공과 쾌락과 자기만족을 우상처럼 두고 사는 시대에서 주일을 잘 지키는 것만 해도 엄청난 절제의 훈련이 됩니다. 주일에 학원 안 가고 과외를 안 받았어도, 교회만 열심히 다녔는데도 성적이 오르고 취업이 됐다는 간증이 우리들교회에 넘쳐납니다.

악한 길, 악한 행위를 떠나서 돌아오라

2 여호와가 너희의 조상들에게 심히 진노하였느니라
3 그러므로 너는 그들에게 말하기를 만군의 여호와께서 이처럼 이르시되 너희는 내게로 돌아오라 만군의 여호와의 말이니라 그리하면 내가 너희에게로 돌아가리라 만군의 여호와의 말이니라 _슥 1:2~3

하나님께서 너희 조상들에게 진노하셨다고 합니다. 문제아는 없고 문제 부모만 있습니다. 각자 경우는 다르겠지만 자녀 문제는 백 퍼센트 부모에게서 비롯됩니다. 그렇다고 부모 탓, 조상 탓을 하라는 말이 아닙니다. 어떤 부모를 만나서 어떤 문제를 겪었든지 중요한 것은 '내게로 돌아오라'는 말씀처럼 하나님께 돌아가는 것입니다. 아무리 조상이 죄를 짓고 부모가 죄를 지었어도 내가 하나님께로 돌아오면 하나님도 나에게로 돌아오십니다. 나를 통해 우리 부모 형제, 가정을 살리십니다.

우리들교회 청소년부 학생인 현정이는 똑똑한 아이로 키우겠다는 엄마의 욕심 때문에 틱 장애까지 얻었습니다. 엄마는 말씀을 듣고 나면 욕심을 좀 내려놓는 것 같다가도 집에 돌아가면 여전히 현정이를 다그치며 '공부, 공부'를 부르짖었습니다. 그러더니 얼마 전 드디어 현정이가 똑똑한 아이들만 들어간다는 과학고에 합격했다는 소식이 들려왔습니다. 현정이 엄마가 열심히 다그치고 가르쳐서 합격한 것일까요? 전혀 그렇지 않습니다. 틱 장애로 학교생활에서도 불편함을 겪어야 했던 현정이가 어떻게 과학고에 덜컥 합격했는지, 여기 생생한 간증이 있습니다.

엄마는 똑똑한 아이를 낳으려고 임신 중에도 한겨울에 찬물 샤워도 마다하지 않으셨다고 합니다. 수유할 때도 색깔이 갓난아기의 두뇌를 발달시킨다며 빨주노초파남보 다양한 색의 티셔츠를 하루에도 대여섯 번씩 갈아입으셨습니다. 또 제가 태어난 후 3개월부터 조기 교육을 시키실 정도로 교육열이 대단하셨습니다. 그 결과 저는 초등학교 2학년 때부터 때 틱 장애를 앓았습니다.

틱은 불안하거나 긴장하면 더욱 악화되는 병입니다. 그러나 저를 향한 엄마의 욕심은 그칠 줄 몰랐습니다. 4학년이 되자 증상은 더욱 심해졌고 당시 아빠마저 실직을 하셨습니다. 그러자 그제야 엄마가 변하기 시작하셨습니다. 목장예배에서 심판을 말씀을 들으시면서 조금씩 저를 향한 욕심을 내려놓으셨습니다. 저는 그때부터 공부에서 해방되어 6학년까지 실컷 놀았습니다.

그런데 제가 중학교 들어가자 엄마의 욕심이 스멀스멀 다시 살아나기 시작했습니다. 그러던 어느 날, 청소년부 목사님이 우리 집에 심방을 오셔서 그런 엄마에게 미가서 말씀으로 흉한 예언을 날려 주셨습니다. "집사님, 그렇게 자기 욕심대로 자녀를 키우시면 자녀가 나중에 커서 사람 노릇을 못 할 수 있어요!" 이 말씀을 들으신 엄마는 저에게 다시 자유를 주셨습니다.

이후 실컷 놀면서 중학교를 다니던 어느 주일이었습니다. 주일예배에서 설교를 듣는데 "학생은 공부하는 것이 사명이에요. 내 역할에 순종하세요!" 하시는 목사님 말씀이 나팔 소리처럼 들렸습니다. 그래서 중3 여름방학부터 과학 공부를 시작했습니다. 한 달을 준비하여 과학경시대회에 출품했는데 화학올림피아드 입상을 했습니다. 저는 이 일을 계기로 과학에 관심과 흥미가 생겼고 과학고등학교에 가고 싶다는 소원을 키웠습니다. 그런데 과학고 입시를 준비하고자 학원을 알아보니 학원비가 월 100만 원이 넘었습니다. 우리 집 형편으로는 학원비를 감당할 수 없을 것 같아 혼자 공부하기로 했습니다.

이번 입시부터 '입학사정관제 전형'이라는 것이 생겼습니다. 학원도 안 다니고 선행학습이 부족한 저는 입학사정관제에 지원서를 냈습니다. 자기소개서에는 평소 청소년부 목장에서 나누던 것처럼 제 이야기를 솔직히 썼습니다. "우리 집은 가난하고 저는 틱 장애가 있습니다. 그래서 왕따도 당했습니다. 그러나 예수님을 믿는 믿음이 있기에 다른 집보다 행복합니다. 틱 장애를 앓고 그로 인해 왕따를 당하면서 힘들었지만, 그 경험이 다른 힘든 친구들을 공감하고 품을 수 있도록 저를 자라게 했습니다." 그리고 과학과 수학에 조금 재능이 있다는 내용도 빼놓지 않았습니다.

1차 서류 전형에 통과한 후, 입학사정관이 제 소개서가 진짜인지 가짜인지를 알아보려고 찾아오셨습니다. 저는 모든 내용을 솔직히 썼기에 긴장하지 않고 입학사정관의 질문에 막힘없이 대답할 수 있었습니다. 최종 면접을 보는 날 큐티 본문은 레위기 16장, 제사장이 일 년에 한 번 지성소에 들어가 속죄를 하는 속죄제에 관한 말씀이었습니다. '내 죄를 회개하는 것이 내가 가장 깨끗하게 되는 길'이라고 말씀을 적용한 후 면접을 보았습니다. 면접관님이 제 자기소개서 내용을 바탕으로 이렇게 질문을 하셨습니다.

"왕따 경험을 통해 나서야 할 자리와 나서지 말아야 할 자리를 알았다는 것은 학생 나이에 얻기에는 정말 큰 깨달음인데, 이것이 무슨 의미입니까?"

"내가 인정받고자 다른 사람을 불쾌하게 하는 자리라면 결코 나서서는 안 됩니다. 다른 사람이 꼭 필요할 때 도움이 되는 역할을 해야 합니다. 그것이 나설 자리입니다."

면접관님은 마지막으로 이렇게 물으셨습니다.

"그동안 학생은 혼자서 자유롭게 공부했지만 이 학교에 오면 이른 시간부터 늦은 시간까지 틀에 맞춰 공부해야 합니다. 할 수 있겠어요?"

"로마에 가면 로마의 법을 따르듯이 이 학교의 질서와 규칙을 따르되 저만의 창의적인 공부를 할 것입니다!"

최종 결과를 발표하는 날, 엄마는 여전한 방식으로 목장예배를 드리고 계셨고 저는 합격했다는 연락을 받았습니다.

내 인생이 꼬이고 힘든 이유는 부모 탓도 아니고 세상 탓도 아닙니다. 내가 하나님께로 돌아오지 못하는 것이 문제입니다. 문제없는 가정은 없습니다. 온갖 사연과 상처가 집집마다 숨어 있습니다. 부모든 자식이든 말씀을 들은 내가 오늘 하나님께 돌이키면 됩니다. 재벌, 왕족 부러워할 것 없습니다. 진짜 로열패밀리는 만군의 여호와, 만유의 주인이신 하나님을 믿는 가정입니다.

'만군의 여호와'라는 표현이 구약의 선지서에 247번 나오는데 스가랴서에만 53번 등장합니다. 하나님은 나의 하나님, 우리 하나님일 뿐 아니라 만군의 하나님이십니다. 모든 세상을 통치하고 주관하시는 만유의 주인이십니다. 내가 그렇게 벌벌 떠는 성적, 돈, 외모, 직장 등등 모든 것의 주인이 하나님이십니다. 그러니 공부로 취업으로 결혼으로 돌아갈 것이 아니라 그것들의 주인이신 하나님께로 돌아가야 합니다.

내가 섬기는 분은 임금님도 대통령도 아니고 창조주 만군의 여호와 하나님이십니다. 어디를 가든지 내 인생의 주인이신 하나님이 앞서 주시기 때문에 우리는 평안과 담대함을 얻을 수 있습니다. 왕도 대통령도 한 치 앞을 모르고 살아갑니다. 똑똑한 박사, 능력자도 말씀의 은혜가 비취지 않으면 눈 뜬 맹인으로 살아갈 뿐입니다. 그래서 하나님을 믿는 내가 대통령보다 대단한 신분입니다. 오늘 말씀을 보고 그 말씀으로 세상을 분별하면서 가는 내가 세상을 비추는 인생입니다.

> 너희 조상들을 본받지 말라 옛적 선지자들이 그들에게 외쳐 이르되 만군의 여호와께서 이같이 말씀하시기를 너희가 악한 길, 악한 행위를 떠나서 돌아오라 하셨다 하나 그들이 듣지 아니하고 내게 귀를 기울이지 아니하였느니라 여호와의 말이니라 _슥 1:4

악한 길, 악한 행위는 강도나 도둑질, 거짓말, 폭력만을 말하는 게 아닙니다. 나름 하나님을 믿는다고 하는 이스라엘 백성들이 강도나 폭력 같은 악을 행했을까요? 누구보다 경건하게 기도하고 금식하고 헌금도 드렸습니다. 악한 모습이라고는 찾아보기 어려웠을 것입니다. 그런데 그렇게 경건한 사람들이 선지자들의 말을 안 듣습니다. 하나님의 말씀에 도무지 귀를 기울이지 않습니다.

가장 악한 길, 악한 행위는 회개하지 않은 것입니다. 외적으로 경건하고 교양 있고 도덕적으로 완벽하다고 해도 자신이 죄인임을 깨닫지 못하는 사람은 악합니다. 모태신앙에 교회 직분을 내세워도 말씀을 안 보고 안 듣는 것이 악한 길이고 악한 행위입니다.

내 인생의 밤에 찾아오신 예수님

> 내가 밤에 보니 한 사람이 붉은 말을 타고 골짜기 속
> 화석류나무 사이에 섰고 그 뒤에는 붉은 말과 자줏빛
> 말과 백마가 있기로 _슥 1:8

내 인생의 밤에 주님이 잘 보입니다. 편한 환경에서 아무 고난 없이 예수님을 인격적으로 만난 사람을 저는 아직 만나 보지 못했습니다. 편한 환경은 사람의 인생을 바꿀 수 없습니다. 어둡고 막막한 밤, 골짜기 속 험난한 환경에서 우리는 주님을 보게 됩니다. 어두움이 짙을수록, 골짜기가 깊을수록 내 인생에 찾아오신 주님이 뚜렷하게 잘 보입니다.

> 16 그러므로 여호와가 이처럼 말하노라 내가 불쌍히 여기므로 예루살렘에 돌아왔은즉 내 집이 그 가운데에 건축되리니 예루살렘 위에 먹줄이 쳐지리라 만군의 여호와의 말이니라 17 그가 다시 외쳐 이르기를 만군의 여호와의 말씀에 나의 성읍들이 넘치도록 다시 풍부할 것이라 여호와가 다시 시온을 위로하며 다시 예루살렘을 택하리라 하라 하니라_슥 1:16~17

내 인생의 어둡고 캄캄한 밤은 구원의 예수님을 더 잘 보라고 허락하신 시간입니다.

나의 상처와 고통은 아름다운 구원의 복음을 더 널리 퍼뜨리라고 주신, 다른 아픈 사람들을 돕기 위한 약재료입니다.

이것이 나에게 주어진 사명입니다. 어렵고 힘든 시대에 스가랴에게 말씀이 임하고 회복의 메시지를 외치게 하신 것처럼, 하나님의 말씀이 임하면 쓰임 받지 못할 사람은 없습니다. 공부를 못하고 취직을 못 하고 결혼을 못 해도 말씀이 임한 사람, 말씀을 듣고 묵상하고 순종하는 사람에게 사명이 있습니다. 무너진 가정과 교회, 무너진 사람들을 다시 세울 사명이 오늘 말씀을 듣는 나에게 있습니다.

스가랴의 이름처럼, 나는 하나님이 기억하시는 존재이고 하나님의 역사를 위해 말씀이 임하는 신분입니다. 내가 얼마나 존귀한 자인지를 알고 이제는 이방 세상 왕의 연호를 버리고 믿음의 연호를 써야 합니다. 예수님을 영접하고 거듭난 지 1년, 2년…… 내 믿음의 역사를 기록하며 새로운 인생을 써 가야 합니다.

8절에 등장하는 '화석류나무'는 특히 골짜기에서 잘 자라는 나무라고 합니다. 또 나무가 상처를 입고 찢길수록 향기가 진하게 퍼진다고 합니다. 영적인 것은 세상과는 반대의 원리입니다. 흠이 없는 것이 아름다운 것이 아니라, 어둡고 험한 골짜기에서 꺾이고 부러지고 상처가 많을수록 믿음이 자라고 하나님을 더욱 증거하며 아름다운 향을 내게 됩니다.

과학고에 합격한 현정이가 이런 고백을 했습니다.

저는 이제 진짜 감옥에 갑니다.
중학교를 다니면서 저와 비슷한 고난을 가진 친구 두 명과 함께 점심시간에 큐티 모임을 했습니다. 그 친구들은 저보다 어려운 환경이라서 섬기기가 쉬웠습니다. 그런데 과학고에 가면 저보다 뛰어나고 좋은 환경의 친구들이 많을 것입니다. 과학고에 들어가서도 제가 말씀대로 적용한 것을 잊지 않고 나설 자리와 물러설 자리를 잘 분별하며 어려운 친구들을 섬기고 싶습니다.

죄 사함의 구원은 지식이 아닌 사랑으로 전해집니다. 그래서 더 큰 사명이고 더 힘든 사명이기도 합니다. 값없이 사랑하고 섬기는 것이 복음을 전하는 방법이기에 현정이의 고백처럼 고난을 겪은 사람일수록 섬기기가 쉬운 것이 사실입니다. 고난 자체가 대단해서가 아니라 우리가 백 퍼센트 죄인이기 때문입니다. 조금만 환경이 편해져도 교만하고 안일해져서 당장 세상으로 달려가는 것이 우리의 본성입니다. 우리가 매일 은혜를 간구하지만 죄의 문제를 모르면 은혜도 알 수 없습니다. 내가 백 퍼센트 죄인이라는 것에서 출발하지 않으면 다른 이들을 향해 사랑의 복음을 전하기도 어렵고 은혜도 받을 수 없습니다. 오직 구할 것은 여호와 하나님의 위로와 택하심밖에 없습니다.

그래서 고난은 우리에게 축복입니다. 고난을 통해서야 내가 얼마나 교만하고 내가 얼마나 욕심이 많은가를 깨닫게 됩니다. 눈물과 절망의 골짜기에서 다치고 부러진 화석류나무가 아름다운 향을 내듯이 가난한 환경, 실패의 결과가 나를 아름다운 하나님의 사람으로 자라게 합니다.

면접에 합격했다고 '고생 끝! 행복 시작!'일까요? 진짜 감옥, 진짜 훈련은 이제부터 시작입니다. 내게 열어 주신 학교, 직장, 가정, 모든 환경이 날마다 나를 부인하고 내 십자가를 져야 하는 사명의 현장입니다. 붙고 합격하고 성공한 사람에게만 사명이 있는 게 아닙니다. 아직 열리지 않아서 갑갑하고 막막한 환경이라도 지금 내 자리가 하나님을 증거하고 전파하는 사명의 현장입니다.

현정이와 같은 또래로 외고 입시에 도전했던 다른 학생의 고백입니다.

외고에 떨어져서 감사합니다.
늘 듣던 목사님 말씀처럼 제 인생에 새로운 기회를 주시니
감사합니다.
외고 1차 전형에 떨어진 친구들을 무시했던 죄를 돌아보게
하시니 감사합니다.
앞으로 수요예배에 나가겠다고 다짐하게 되어서
감사합니다.
저의 부족함과 나태함을 제대로 인정하게 해 주셔서
감사합니다.
매일 아침 큐티에 매달리게 해 주셔서 감사합니다.
저처럼 불합격한 친구들을 체휼하게 되어서 감사합니다.
학교에서 교만하던 모습을 버리고 낮아지게 해 주셔서
감사합니다.
내 노력이 아니라 하나님의 은혜로 이끌려 가는
진정한 형통의 의미를 깨닫게 해 주셔서 감사합니다.

주위에 나를 위로하고 이끌어 주는 선생님, 부모님,
친구들이 있다는 걸 깨닫게 하시니 감사합니다.
원하는 학교에 떨어져도 감당할 수 있을 만큼 저의
우울증과 강박이 회복되었다는 것을 알았습니다.
감사합니다.
하나님을 더욱더 붙잡으며 하루하루를 보내게 해 주셔서
감사합니다.

붙고 합격하고 성공했습니까?
붙고 합격하고 성공해서 교만하거나 나태해지지 않도록 회개해야 합니다.
떨어지고 거절당하고 실패했습니까?
떨어지고 거절당하고 실패해서 하나님을 더 붙잡게 되었다고 감사해야 합니다.
이것이 오늘 나에게 주어진 사명이고, 나를 통해 이루시는 하나님의 구속사입니다.

**나의 상처와 고통은
아름다운 구원의 복음을 더 널리 퍼뜨리라고 주신,
다른 아픈 사람들을 돕기 위한 약재료입니다.**

내 마음 들여다보기

Q. 하나님을 믿는다고 하면서도 물질과 쾌락의 통치에서 벗어나지 못하고 종노릇합니까? 내가 벗어나야 할 세상의 통치는 구체적으로 어떤 것입니까?

....
....
....
....

Q. 학벌이 부족하고, 해외 연수를 못 가고, 인맥이 없어서 취업이 안 된다고 생각합니까? 그 모든 것이 무능한 부모님 탓이라고 원망합니까? 그 원망과 불평이 하나님이 보시기에 악한 길이고 악한 행위인 것을 알고 있습니까?

....
....
....
....

Q. 불합격과 거절의 아픔으로 인생의 밤을 보내고 있습니까? 나의 어둠과 고통이 짙을수록 말씀의 빛, 은혜와 위로의 빛이 더 환하게 다가오는 것을 경험합니까? 지금 당하는 고난을 통해 더 아름다운 향을 내는 하나님의 나무가 될 것을 기대하며, 사회적 성공의 열매가 아니라 구원의 열매를 맺는 인생을 살기로 결단합니까?

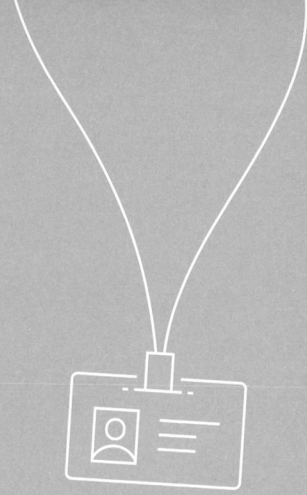

『면접』을 읽고 승리한 이야기

하나님의 감동으로 치른 면접

초등학교 6학년 때 교환교수이신 아버지를 따라간 미국에서 1년간 생활했습니다. 파견 기간이 끝난 후 우리 남매는 미국에 남아 유학할 수도 있었지만 자녀들을 믿음의 공동체 안에서 양육하겠노라는 아버지의 뜻을 따라 우리 가족은 한국으로 돌아왔습니다. 그러나 한국 생활은 만만치 않았습니다. 1년간 미국에 머문 까닭에 저는 한 학년 유급하게 되어 동생뻘인 아이들에게 반말을 들으며 학교에 다녀야 했습니다. 무엇보다 한국의 치열한 입시 전쟁 속으로 어쩔 수 없이 던져졌습니다. 저와 비슷한 시기에 미국에 가서 돌아오지 않은 친구들은 나날이 영어 실력이 느는데…… '나는 왜 굳이 한국에 왔나' 후회가 들었습니다.

하지만 매 주일 우리들교회에서 듣는 설교와 지체들의 나눔은 어느 곳에 유학을 가도 결코 접할 수 없는 매우

소중한 경험이었습니다. "붙으면 회개하고 떨어지면 감사하라"는 담임목사님의 말씀은 좋은 대학에 합격하는 것만이 인생의 정답이라 여기던 저의 고정관념을 깨뜨려 주었습니다. 또한 세상 우상을 섬기다 망한 선생님들의 간증과 상처를 말씀으로 해석해 나가는 친구들의 나눔을 들으면서 자연스레 제 속에 성경적 가치관이 자리 잡았습니다.

그러던 중 외고 입시를 준비하게 되었습니다. 시험이 다가올수록 각종 주말 특강과 보충수업이 늘어 자칫 예배에 소홀해질 수 있는 상황이었지만, 그동안 들은 말씀이 있어서 중심을 잡고 예배를 사수할 수 있었습니다. 그렇게 2009년 12월 8일 외고 입시 시험을 치렀습니다. 1교시 영어 시험을 마친 뒤 면접을 보았습니다. 아래는 당시 면접관들의 질문과 그에 대한 저의 답변입니다.

1. 불경기에 기부금은 더 증가하였다는 내용의 지문을 읽고 진정한 나눔이란 무엇인지 대답해 보라.

누군가를 돈이나 물질적으로 돕는 것도 중요합니다. 그러나 저는 어려운 환경에 처한 사람들과 함께 어울리는, 진심 어린 교제가 더 중요하다고 생각합니다. 그들과 깊이 교제하며 그들의 약점을 나의 약점으로 여기고 공감해 주어야 합니다. 이런 것이 진정한 나눔이라고 생각합니다.

2. 진정한 나눔을 생활에서 실천한 경우가 있는가?

제가 속한 우리들교회는 "목장"이라는 모임을 통해 매주 교제의 장이 열립니다. 목장에서 다양한 환경에 처한 친구들을 만나 함께 어울리고 말씀을 나누며 교제하지요. 상처와 아픔, 때로는 수치스러운 이야기까지도 서로 나누고 듣습니다. 이 목장을 통하여 서로 공감하고 이해하는 것이 정말 중요하다는 걸 알게 되었습니다.

3. 내가 만일 학보 편집장이라면 사회적으로 존경하는 세 명의 인물을 추천하고 그 이유를 설명해 보라.

첫 번째로 반기문 ㈜ UN 사무총장을 꼽겠습니다. 세계화 시대에 우리나라가 배출한 세계적 지도자라고 생각합니다. 우리나라에서도 세계적 지도자가 나올 수 있다는 충분한 모델로서 청소년에게 추천하고 싶습니다.

두 번째로 2008년 베이징 올림픽 유도 금메달리스트인 최민호 선수를 꼽고 싶습니다. 최 선수의 다큐멘터리를 본 적 있습니다. 어려운 환경에서 불굴의 의지로 정상에 도달한 인물입니다. 환경에 구애 받지 않고 정상에 도달할 수 있다는 희망을 주는 인물로서 청소년에게 추천하고 싶습니다.

마지막으로 우리들교회를 담임하시는 김양재 목사님을 꼽고 싶습니다. 세상 사람들에게는 앞의 두 분만큼 알려지지는 않은 분입니다. 그러나 앞에서 제가 말한 진정한 나눔을 실천하시는 지도자입니다. 그래서 청소년들에게 꼭 알리고 싶습니다.

4. 가지치기하지 않은 나무는 죽은 나무와 같다는 내용의 지문을 읽고 내가 버려야 할 것은 무엇인지 대답해 보라.

제가 가지치기해야 할 가지는 "거만함"입니다. 저는 학교에서 공부로 어느 정도 인정을 받는 편이어서 거만해지기 쉬운 조건에 있었습니다. 그러던 중에 학교에 야구부가 생겨 가입했는데 사소한 실책에도 친구들에게 질책을 듣자 너무 힘들었습니다. 그런데 지적을 인정하고 받아들이니까 그때부터 편해졌습니다. 그리고 이 경험을 통해서 저의 거만함을 조금 버릴 수 있었습니다.

입시 면접을 준비하며 여러 질문을 예상해 보고 답변을 연습했습니다. 하지만 실제 면접에서는 전혀 생각하지 못한 질문들만 받았습니다. 존경하는 인물을 말하라는 질문은 나름 준비했지만 세 명까지 물어볼 줄은 몰랐습니다. 또한 어떠한 모의 면접에서도 교회 이야기를 한 적은 없었습니다. 그런데 실제 면접에서는 교회 이야기를 하지 않고는 한 질문도 답할 수가 없었습니다. 1번부터 3번 질문은 우리들교회에서 보고 들은 것들로 답하고, 4번은 어머니와 큐티한 내용을 토대로 답변한 것입니다.

시험 당일 아침, 어머니와 함께 그날 큐티 본문인 느헤미야 7장 말씀을 묵상했습니다. 어머니는 제게 "마치 바벨론에서 포로 생활을 하듯 요즘 너를 힘들게 하는 일은 무엇이니?" 물으셨습니다. 제가 "야구 하다가 실수했을 때 친구들의 질책을 듣는 게 마음에 남는다"고 나누자, 어머니가 "질책을 받아들이지 못하는 모습이 네가 얼마나 거만한지를 보여 주는 것"이라며 말씀을 바탕으로 해석해 주셨습니다. 본문 말씀에서 느헤미야가 "하나님이 내 마음을 감동하사 마음을 백성을 계수하게 하셨다"고 고백하는데(느 7:5), 말씀대로 저에게도 하나님의 감동이 임해 면접에서 당황하지 않고 잘 대답할 수 있었습니다.

예루살렘 성벽이 재건되는 과정에서 하나님은 이스라엘 백성을 위해 많은 은혜를 베푸셨습니다. 바사 왕 고레스의 마음을 주장하시고, 느헤미야를 감동시키셨으며, 대적들의 음모로부터 백성을 지켜 주셨습니다. 마찬가지로 하나님은 면접관들의 마음을 움직이시고 제게 감동을 주셨으며, 친구들의 비난을 말씀으로 해석하는 은혜도 허락하셨습니다. 그리고 2009년 12월 15일, 느헤미야 12장 성벽 봉헌식 말씀을 주신 날 제게 합격을 선물로 주셨습니다. 말씀 없이 합격했다면 아마 저는 다른 사람들에게 내 노력으로 이루었다고 자랑하며 교만해졌을 겁니다. 하지만 예상하지 못한 면접 상황 속에서 하나님의 감동과 공동체의 지혜, 그리고 매일 묵상한 말씀이 있었기에 통과할 수 있었습니다. 온전히 하나님의 은혜로 합격했음이 인정됩니다.

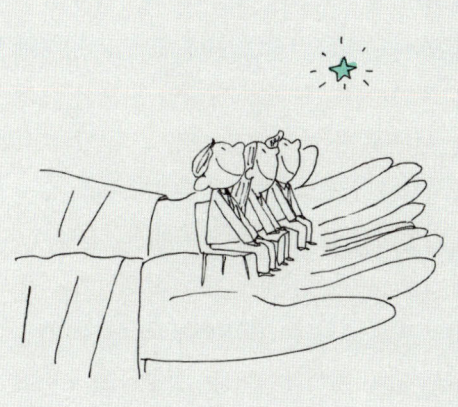

쓴물의 인생에서 사명의 인생으로

저는 아버지도, 어머니도 예수님을 믿는 '신(信) 가정'에서 태어났습니다. 그러나 부모님의 불화로 생후 3개월 만에 할머니 집으로 보내졌습니다. 제가 4살 때 부모님이 이혼하신 후로는 아빠와 살며 한 부모 가정에서 자랐습니다. 유년 시절, 학교와 학원에 있는 시간을 제외하고 저는 대부분 혼자 지냈습니다. 그런 탓에 성격이 점점 소극적으로 변했습니다. 고민이 생겨도 혼자 삭이고 그것이 반복되다 보니 나날이 우울해졌습니다. 여러 일로 바빠 보이는 아버지에게 제 속사정을 털어놓을 용기도 생기지 않았습니다. 세상에는 내 편이 없는 것만 같았고, 나와 달리 행복해 보이는 친구들을 보며 열등감을 키웠습니다.

그러다 대부분 스스로 해결할 수 없는 고민이라는 판단에 고등학교 1학년 때는 급기야 극단적인 생각을 하게 되었습니다. 매일 인터넷을 뒤지며 어떻게 삶을 끝낼 수 있을까 그 방법을 찾아보기까지 했습니다. 다행히 위기의 순간에 담임선생님께 도움을 요청했고, 선생님은 제 이야기에 공감해 주시며 "전문적인 상담을 받아 보라"고 권하셨습니다. 이후 저는 1년간 정신과 상담을 받으며 상처가 많이 치유되었습니다. 그러나 학업을 이유로 상담을 종료한 뒤부터 상태가 다시 나빠지기 시작했습니다. 그즈음 아버지의 설득으로 우리들교회를 다니게 되었습니다. 청소년부 목사님이 심방 오셔서 말씀으로 제 삶을 해석해 주시고, 더불어 청소년부 수련회에 참석하면서 저는 조금씩 친구들에게 제 이야기를 솔직히 나눌 수 있었습니다. 그렇게 믿음의 공동체 안에서 무엇이 온전한 지식인지 배우고 나의 아픔이 다른 사람을 구원하는 약재료로 쓰일 수 있다는 것도 깨달았습니다. 이처럼 하나님의 말씀으로 상처가 치유되자 학업에도 더 집중할 수 있었습니다.

그런데 나날이 성적이 오르자 내 힘으로 이루었다고 착

각하고 자만해졌습니다. 그러다 수능 시험에서 내내 1등급을 자랑하던 물리 과목을 3등급을 받고 말았습니다. 우상으로 섬기던 성적에 배신당한 것입니다. 저는 허무감에 싸였고, '하나님이 나의 노력을 알아주지 않았다'고 하면서 원망의 쓴물을 쏟아 냈습니다(약 3:11). 다섯 개의 수시전형에서 모두 불합격 통지를 받자 쉬지 않는 악과 죽이는 독이 가득한 혀로 하나님을 더욱 원망했습니다(약 3:8). 마지막 한 곳, 서울대학교 수시 결과 발표가 남았지만 이미 저는 지칠 대로 지쳐 모든 기대를 내려놓고 재수를 준비하자고 마음먹었습니다.

그런데 웬걸요, 합격 발표 날 막 잠에서 깼는데 비몽사몽간에 제가 합격했다는 소식을 들었습니다. 머리를 한 대 얻어맞은 듯했고 하나님의 위대하심에 감탄할 수밖에 없었습니다. 서울대 전형에 낸 자기소개서는 다른 학교에 낸 것과는 조금 달랐습니다. 가장 인상 깊었던 책으로 김양재 목사님의 『면접』을 꼽고 그 내용을 토대로 저의 고난을 있는 그대로 고백했습니다. 그런데 이런 저의 진솔한 나눔이 입학사정관의 마음을 두드렸나 봅니다. 하나님이 입시의 모든 순간에 함께하셨고 전부 하나님이 이루신 일이라는 고백이 제 입에서 절로 나왔습니다. 내 욕심과 뜻으로는 결코 무엇도 이룰 수 없다는 걸 고백하게 되었습니다.

그날부터 다시 큐티를 시작했습니다. 그러면서 제가 얼마나 이해타산적인지 깨닫고 회개했습니다. 입시를 준비하면서 "대학에 붙여만 주신다면 청소년부 스태프로 섬길게요!" 하고 하나님께 서원하곤 했습니다. 이후 서원을 지켰지만, 만일 수능 시험을 잘 치렀더라면 내 힘으로 이루었다고 여기고 이 약속을 지키지 않았을 것입니다. 또 모든 입시에서 떨어졌어도 원망의 쓴물을 쏟아 내면서 약속을 지키지 않았을 겁니다. "한 입에서 찬송과 저주가 나오는도다 내 형제들아 이것이 마땅하지 아니하니라"고 하는데(약 3:10), 제가 얼마나 앞뒤가 다르며 위선적이고 이중적인 사람인지를 다시금 깨달았습니다.

대학에 들어가서도 여러 어려움이 있겠지만 그때마다 만물을 붙드시는 말씀의 능력을 의지하길 원합니다. 어떤 시련을 만나도 하나님이 나의 구원을 위해 세팅하신 일이라고 믿고 주님과 믿음의 공동체에 묻고 나아가겠습니다. 또한 저처럼 힘든 청소년기를 보내고 있는 친구들을 살리는 사명의 인생을 살기 원합니다. 부족한 저에게 회개하는 삶을 허락하신 하나님, 감사하고 사랑합니다.

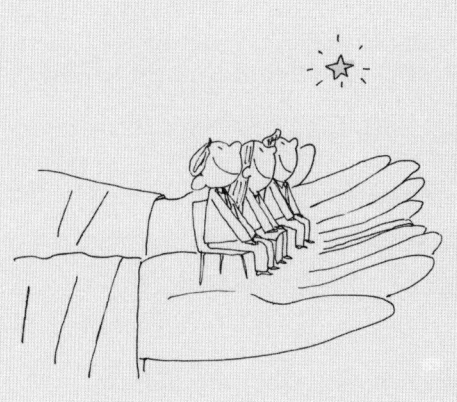

면접

초판 발행일 | 2015년 6월 23일
개정증보 2쇄 발행 | 2023년 3월 17일
지은이 | 김양재

발행인 | 김양재
편집인 | 김태훈
편집장 | 정지현
편집 | 김수연 진민지 김윤현
디자인 | 디브로
표지 일러스트 | 황중환

발행한 곳 | 큐티엠
주소 | 경기도 성남시 분당구 판교공원로2길 22, 4층 큐티엠 (우)13477
편집 문의 | 070-4635-5318 **구입 문의** | 031-707-8781
팩스 | 031-8016-3193
홈페이지 | www.qtm.or.kr **이메일** | books@qtm.or.kr
인쇄 | ㈜정현씨앤피
총판 | ㈜사랑플러스 02-3489-4300

ISBN | 979-11-89927-53-0 03230

Copyright 2020. QTM. All rights reserved.

이 책은 저작권법에 따라 보호 받는 저작물이므로 무단 전재와 복제를 금합니다.
이 책에 실린 글과 그림, 사진의 모든 저작권은 큐티엠에 있으므로
큐티엠의 사전 서면 동의 없이 복제 내지 전송 등 어떤 형태로도 사용할 수 없습니다.

잘못된 책은 구입하신 곳에서 바꿔드리며, 책값은 뒤표지에 있습니다.

큐티엠(QTM, Quiet Time Movement)은 '날마다 큐티'하는 말씀묵상 운동을 통해
영혼을 구원하고, 가정을 중수하고, 교회를 새롭게 하는 일에 헌신합니다.

이 도서의 국립중앙도서관 출판예정도서목록(CIP)은
서지정보유통지원시스템 홈페이지(http://seoji.nl.go.kr)와
국가자료종합목록 구축시스템(http://kolis-net.nl.go.kr)에서
이용하실 수 있습니다. (CIP제어번호 : CIP2020045591)